Disney
PIRATES des CARAÏBES

Disney

Pirates des Caraïbes

Le guide officiel des pirates

Par Richard Platt et Glenn Dakin

Hachette Jeunesse

Sommaire

Préface de Jerry Bruckheimer

J'étais jeune, amoureux du cinéma et je ne pouvais quitter le grand écran des yeux. Les exploits, la drôlerie et la hardiesse des acrobaties du Corsaire rouge, *alias* le grand Burt Lancaster, m'hypnotisaient. Insouciant, rebelle, il n'avait pas peur de défier l'autorité à la moindre occasion, le vent dans le dos, la proue du navire dirigée vers les Sept mers et la liberté… Qu'y avait-il de plus exaltant que la vie de pirate ? Enfant, j'étais fan de *Capitaine Blood*, du *Pirate noir*, de *L'Île au trésor*… que des classiques alliant fanfaronnade et maquignonnage.

Et puis, à l'approche du siècle nouveau, les films de pirates ont disparu. Envolés ! Ils n'intéressaient plus personne, si bien que les drapeaux à tête de mort ont fui les écrans. À l'heure de l'ADSL et du hip-hop, les aventures des flibustiers du XVIIIe siècle ne faisaient plus recette. Vraiment ?

Au parc Disneyland d'Anaheim en Californie, comme dans les autres parcs Disney, l'attraction « Pirates des Caraïbes » draguait les foules depuis sa création dans les années 1960. Au début, il s'agissait d'une innovation fantastique, puis le miracle de la technologie s'est transformé en un voyage nostalgique dans la mémoire des adultes et l'imagination de leurs enfants. Quand les Studios Walt Disney m'ont demandé de traduire les divers tableaux de cette attraction en un film fantaisiste de plus de deux heures, rien n'aurait pu me ravir davantage. J'allais enfin réaliser mon rêve : faire un film de pirates. En 2003, quand *Pirates des Caraïbes : La malédiction du Black Pearl* a rencontré le succès que l'on connaît, mes espoirs ont été plus que comblés. Les spectateurs du monde entier étaient d'accord : nous n'avions pas seulement donné un nouveau souffle à ce genre oublié, nous l'avions réinventé.

Nous souhaitions élever le thème des pirates à un niveau inédit qui mêlerait frisson et romance (comme dans toute grande aventure qui se respecte), des personnages romanesques et inoubliables, des effets visuels dernier cri et un clin d'œil à l'attraction originelle de Disney, tout en prenant une direction complètement nouvelle. En plus d'un merveilleux sens de l'humour et d'un grand talent de conteur, notre réalisateur, Gore Verbinski, possède l'enthousiasme des enfants. Il aime travailler avec les acteurs qui le lui rendent bien. Lui seul pouvait donc réaliser ce projet. Comme scénaristes, nous avons engagé Ted Elliott et Terry Rossio, deux génies qui ont créé la surprise avec *Shrek*, et nous avons apposé notre griffe sur l'ébauche de Jay Wolpert et Stuart Beattie proposée par Disney. Ted et Terry ont apporté cette touche de surnaturel entremêlée d'humour qui a donné à l'histoire une tournure qui m'a vraiment plu.

Ensuite, n'oublions pas nos stars. À la sortie du film, il est devenu évident que Johnny Depp, qui incarne le capitaine Jack Sparrow, avait créé une authentique icône. Johnny a la réputation d'habiter ses personnages et sa vision de Jack Sparrow était absolument unique. Nous lui avons laissé carte blanche et alors est sorti de son imagination ce pirate excentrique, mais très malin, pourvu de dreadlocks, de dents en or et d'un assortiment incroyable de perles et de breloques. Il a de la peine à garder l'équilibre, il articule mal – est-il soûl, a-t-il le mal de mer, est-il resté sur son navire trop longtemps ? À vous de voir. En tout cas, l'effet est réussi et, aussi étrange qu'il y paraît, cela fait aussi partie du charme du capitaine Jack ! L'Académie des arts et sciences du cinéma a dû le penser elle aussi puisqu'elle a honoré Johnny d'une nomination à l'oscar du Meilleur Acteur. Nous avons donné le rôle de Will Turner à Orlando Bloom, qui venait d'apparaître dans une autre de mes productions, *La Chute du faucon noir*. Je savais que l'heure d'Orlando viendrait. J'ignorais juste la chance que nous avions de tourner avec lui avant la déferlante du *Seigneur des anneaux*. Pour le rôle d'Élisabeth Swann, nous avions envisagé de nombreuses jeunes actrices mais la beauté seule ne suffisait pas. En Keira Knightley, qui avait dix-sept ans à l'époque, nous avons trouvé la beauté, l'intelligence et l'intrépidité : une superbe combinaison.

Des millions de personnes, de 7 à 77 ans, ont fait un bout de chemin avec nous et force était de constater que le public en voulait davantage. Nous avons donc créé *Pirates des Caraïbes : Le secret du coffre maudit* puis *Pirates des Caraïbes : Jusqu'au bout du monde*. Était réunie l'équipe quasi complète du premier film, plus de nouveaux acteurs passionnants. Gore était de retour, Ted et Terry aussi, ainsi que Johnny, Orlando, Keira bien sûr et la plupart du casting initial. Comme nous ne voulions pas faire de recyclage, les éléments du premier film sont exacerbés dans *Le Secret du coffre maudit*, voire encore plus dans *Jusqu'au bout du monde*. Nous aimons ces personnages et nous voulions savoir ce qui allait leur arriver en approfondissant leur caractère et en poursuivant l'histoire. La toile de fond du *Secret du coffre maudit* et de *Jusqu'au bout du monde* est basée sur les coutumes des pirates, la mythologie des Sept mers, tandis que les anecdotes de l'histoire britannique du XVIIIe siècle leur servent de tremplin. Nous avons un vrai méchant en la personne de Davy Jones dont l'équipage n'a pas d'égal sur les mers du monde, sans oublier l'aristocrate anglais avide de pouvoir, Lord Cutler Beckett de la Compagnie des Indes.

Notre chef décorateur, un homme à la créativité galopante, Rick Heinrichs, a ajouté de merveilleuses nuances au *Secret du coffre maudit*, avec des plateaux gigantesques, un *Black Pearl* redessiné et reconstruit tout comme *Le Hollandais Volant*, le fantastique vaisseau fantôme de Davy Jones. Fidèle au titre de nos films, nous avons tourné dans les endroits les plus exotiques des Caraïbes, y compris les îles tropicales et paradisiaques de la Dominique et de Saint-Vincent, ou les îles et les océans turquoise des Bahamas.

Ce guide exhaustif prolonge la magie de la saga *Pirates des Caraïbes* avec ses images, ses illustrations et ses anecdotes sur les trois films. Comme dans le « Pirates des Caraïbes » originel de Disneyland, nous avons essayé de rendre cette attraction à sensation accessible à tous, petits et grands. Rejoignez-nous dans l'aventure, les amis, et voyagez à nouveau avec nous sous la bannière de l'imagination. Telle la mer qui s'étend jusqu'à l'horizon, elle ne connaît aucune limite ! Une chose est sûre : le passage sous la quille et le supplice de la planche sont interdits durant ce voyage !

Jerry Bruckheimer

Introduction

Regardez ! Les Caraïbes s'étendent devant vous. Tout aventurier sera enchanté par cette vision, mais attention aux mirages ! Aucune carte marine ne pourra préciser l'endroit où les espoirs s'envolent et où les cauchemars commencent. Ces lignes décolorées indiquent-elles une île perdue ? Un Kraken endormi ? Ces eaux interdites n'offrent-elles que la mort ou signalent-elles le chemin du retour du Bout du Monde ? Au milieu des flots écumeux, vous croiserez des monstres, des déesses et de l'or maudit qui hantent les limites du pâle royaume que nous connaissons. Seuls les braves et les audacieux s'aventurent dans cet univers de pirates et de danger. Maintenant que vous avez ces repères, écumez les mers et rappelez-vous : prenez ce que vous pouvez… mais ne donnez rien en retour !

ISLANDS OF THE
CARIBBEAN
Atlantic
Ocean
Sea

La clef du cadenas est conservée par le chien de la prison.

Le Grand Livre
Le capitaine Teague est le gardien du Code – recueil de pages jaunies manuscrites sur lesquelles les paroles de Morgan et Bartholomew sont conservées. Il ne le présente qu'à la demande d'un seigneur.

Le Code des pirates

Formulé par Morgan et Bartholomew, à l'aube de la grande ère des pirates, le Code est un manuel sacré qui aide les flibustiers à résoudre leurs conflits sans recourir à la bagarre. Un des chapitres majeurs de cet ouvrage concerne le droit aux pourparlers qui a permis à plus d'un pillard loquace de gagner sa liberté au lieu de finir dans le ventre des requins. Généralement transmis de bouche à oreille, le Code est rarement consulté (de toute façon, la plupart des pirates ne savent pas lire!).

Aux bons soins du capitaine Teague

Le gardien du Code – qui n'est autre que le père de Jack Sparrow lui-même, le capitaine Teague – a cadenassé le livre et confié la clef au chien de la prison. « Le Code, c'est la loi », insiste Teague, prêt à tuer le premier qui osera bafouer ces règles. Au fond de lui pourtant, il sait bien que le vrai Code se trouve dans le cœur de chaque pirate et se résume à deux choses: ce qu'un homme peut faire et ce qu'il ne peut pas faire.

Le droit aux pourparlers

L'une des sections les plus importantes du Code aborde le sujet des pourparlers. Cette « invention des Français » est un droit accordé à tous les pirates. Il leur permet de porter un message vital en personne au commandant ennemi qui menace la vie de ses compagnons et la sienne.

En pourparlers
Une fois le droit aux pourparlers invoqué, le prisonnier ne peut être tué, torturé ou privé d'une partie de son anatomie jusqu'à ce que les discussions commencent. Cette règle est très impopulaire parmi les pirates… jusqu'à ce que le vent tourne et qu'ils en aient besoin.

Quiproquos
Les honnêtes gens qui ont le malheur de croiser le chemin d'un pirate seront déçus s'ils invoquent le droit aux pourparlers pour retarder l'heure de leur mort. En effet, le Code ne s'applique qu'aux pirates. Et puis, comme le dit Barbossa: « Ce n'est qu'un guide! »

Abandon sur une île déserte

Le Code donne également des précisions sur la manière d'abandonner quelqu'un. Il est très important de trouver une île adéquate, c'est-à-dire isolée, loin des vents dominants et de préférence non répertoriée. Tout homme débarqué sur une île doit recevoir un fusil, une balle et assez de poudre pour mettre fin à sa détresse.

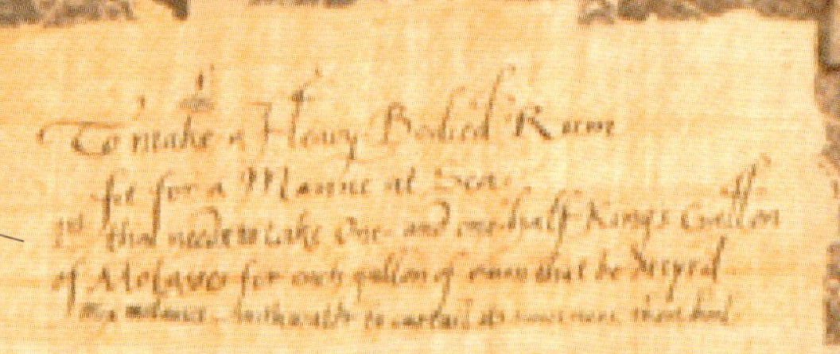

Le Code contient même quelques recettes utiles, à base de rhum bien entendu.

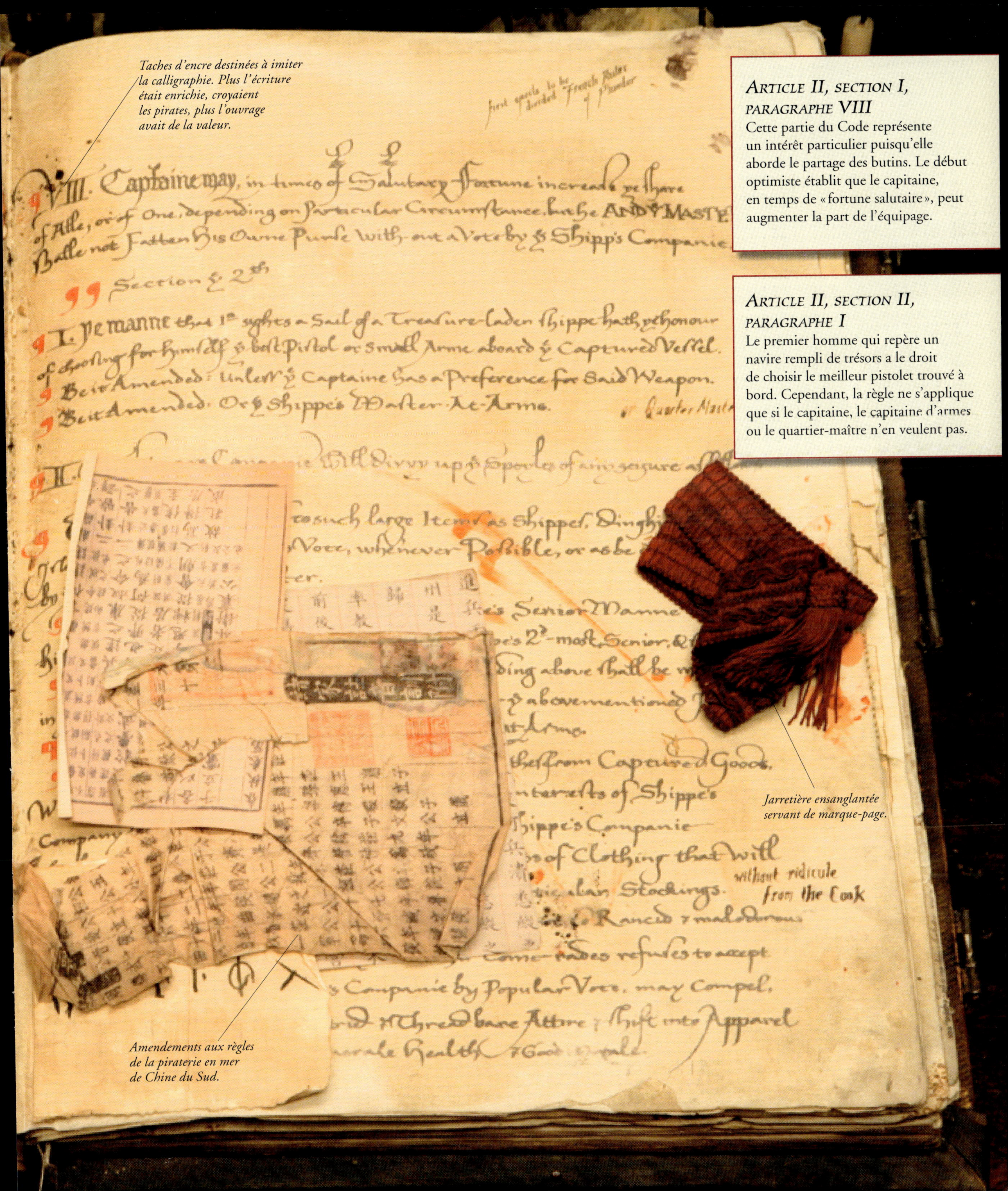

Taches d'encre destinées à imiter la calligraphie. Plus l'écriture était enrichie, croyaient les pirates, plus l'ouvrage avait de la valeur.

ARTICLE II, SECTION I, PARAGRAPHE VIII
Cette partie du Code représente un intérêt particulier puisqu'elle aborde le partage des butins. Le début optimiste établit que le capitaine, en temps de « fortune salutaire », peut augmenter la part de l'équipage.

ARTICLE II, SECTION II, PARAGRAPHE I
Le premier homme qui repère un navire rempli de trésors a le droit de choisir le meilleur pistolet trouvé à bord. Cependant, la règle ne s'applique que si le capitaine, le capitaine d'armes ou le quartier-maître n'en veulent pas.

Jarretière ensanglantée servant de marque-page.

Amendements aux règles de la piraterie en mer de Chine du Sud.

Jack Sparrow

Né à bord d'un bateau pirate lors d'un typhon, le capitaine Jack Sparrow a de l'eau de mer qui coule dans les veines (à ce que prétendent ses amis). Quant à ses ennemis, ils se moquent que son cœur pompe du sang, de l'eau salée ou du rhum. Ils veulent juste voir Sparrow au bout d'une corde ou au fond de la mer. Seulement Jack a la sale habitude de leur échapper *in extremis*. Grâce à sa bravoure, sa chance et sa roublardise, il réussit toujours à s'extraire des situations les plus invraisemblables.

Les perles et les colifichets que Jack porte dans les cheveux ont été glanés dans le monde entier. Chacun lui rappelle une aventure différente.

Pantalon en lin résistant à l'usure.

À TRIBORD TOUTE !

Jack est le plus heureux des hommes à la barre du *Black Pearl* qui est plus qu'une « quille, une coque, un pont et des voiles… ». À ses yeux, il représente la liberté. Même si son équipage s'est mutiné, il restera le capitaine Jack Sparrow et le *Pearl* sera toujours à lui.

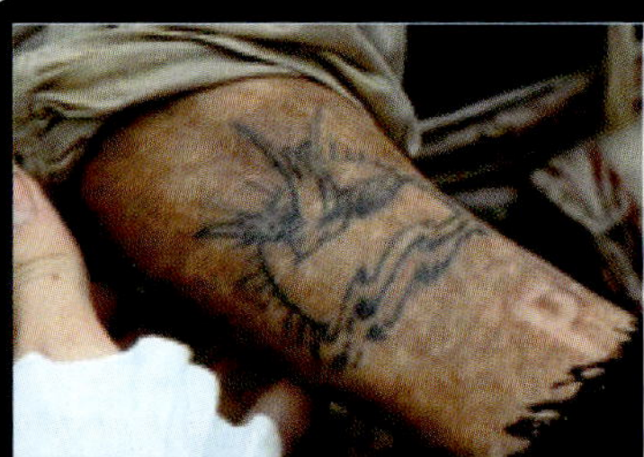

TATOUÉ ET MARQUÉ

Sous le tatouage bleu d'un moineau sur le bras droit de Jack, on devine un « P », preuve qu'il a été accusé de piraterie et marqué au fer rouge par la Compagnie des Indes.

Le ras-de-cou d'Élisabeth

Jack ressemble à un pirate désespéré qui balaie le moindre obstacle entre lui et sa liberté ou un trésor. Mais au fond, il n'est pas si mauvais. Il bluffait quand il menaçait d'étrangler Élisabeth avec ses menottes. Allons, comment aurait-il pu tuer une jolie femme qu'il venait de sauver des flots ?

Sur son trente-et-un

Jack a souvent des allures de dandy et sa tenue montre bien son statut de capitaine. Pantalon long, cuissardes et écharpe nouée à la ceinture le distinguent de son équipage bigarré.

Du succès auprès des femmes !

L'esprit, le charme et la générosité de Jack le rendent très populaire. Si populaire qu'il se souvient difficilement de tous les visages et des noms. Les dames des tavernes de Tortuga, elles, ne l'ont pas oublié. Ensemble, elles ont décidé qu'une gifle ou deux lui rafraîchiraient peut-être la mémoire.

Bouteilles droites sur un bateau qui tangue.

YO-HO-HO, UNE BOUTEILLE DE RHUM

La boisson est un des plaisirs préférés des pirates et Jack ne déroge pas à la règle. « Le rhum t'aide les jours où tu n'as pas d'argent mieux que l'argent ne t'aide les jours où tu n'as pas de rhum. »

En cas de problème, l'épée de Jack est rarement dans son fourreau.

Le roi des voleurs

Jack aime l'or. Sur l'île de la Muerta, il se couvre de trésors – colliers de perles, bagues à chaque doigt… sans oublier la touche finale : une couronne en or incrustée de pierres.

Jack le sournois

La verve du capitaine Jack l'aide souvent à endormir la vigilance des sentinelles – quelques instants ! Pour monter à bord de l'*Intercepteur*, il raconte à ses gardes que le *Black Pearl* navigue plus vite que n'importe quel navire. Pendant que ses interlocuteurs se disputent pour savoir si le *Pearl* et ses marins maudits existent vraiment, Jack en profite pour se glisser sur le pont.

VOIE SANS ISSUE ?

Quand les belles paroles ne marchent pas, un peu de ruse est bienvenue. Encerclé par les baïonnettes et promis au gibet, Jack prend Élisabeth en otage. Par chance, une grue l'éloigne de ses assaillants et il s'enfuit en glissant le long d'une corde.

Port Royal

Fondée par les Anglais, Port Royal est une ville portuaire affairée située à la pointe orientale de la Jamaïque. La ville est construite autour de Fort Charles, le plus gros fort gouvernemental anglais des Caraïbes. Enfin… avant que les canons du *Black Pearl* ne le réduisent quasiment en poussière et n'augmentent ainsi la puissance des pirates.

Docks et château

Surplombant la ville, Fort Charles est censé protéger les navires de la marine royale amarrés dans le port en contrebas. Les canons disposés sur les remparts mettent en garde les pirates qui naviguent au loin. Malgré tout, la garnison restera impuissante quand Jack et Will grimperont à bord de l'*Intrépide* et le mettront à flot.

Maître du port en devenir

Avec sa perruque, ses lunettes et son tricorne, le maître du port ressemble à un serviteur loyal du roi mais parfois les apparences sont trompeuses. Des années à côtoyer la canaille des mers l'ont corrompu. Quand Jack lui offre un petit pot-de-vin pour que son arrivée demeure secrète, le maître du port ne peut résister.

Les pots-de-vin permettent au maître du port de s'offrir de beaux habits qu'il ne pourrait s'acheter avec son maigre salaire de fonctionnaire du roi.

Journal de bord d'un menteur

Le registre du maître de port recense chaque nouveau navire et chaque nouveau marin. Grâce à quelques pièces d'argent, Jack n'apparaîtra pas dans les archives.

Parti à la pêche

Tout le monde ne travaille pas sur les quais de Port Royal. Certains prennent le temps de taquiner le poisson. Ce gamin en haillons espère attraper de quoi manger avant le coucher du soleil.

Fièvre acheteuse

Le long des quais, les magasins se disputent l'espace avec les nombreuses tavernes de Port Royal. Ici un capitaine entreprenant trouvera tout ce qu'il désire, du goudron pour le fond de son bateau à de la dentelle de contrebande pour sa bien-aimée.

Le Fougueux Étrier procure des mors, des brides et une multitude d'équipements aux chevaux de Port Royal, y compris à ceux de Fort Charles.

Fournisseur de remèdes courants, l'apothicaire concocte aussi des potions pour réparer les cœurs brisés ou empêcher un chien de divaguer, il vend nuit et jour des remèdes contre la vérole.

Comme des dizaines de vaisseaux jettent l'ancre à Port Royal, nombre de marins cherchent un repas substantiel et un lit pour la nuit. Contrairement à certains qui refusent l'hospitalité aux pirates, à La Baleine et la Trombe, le vieux Garrett ferme les yeux… tant que ses hôtes paient leur dû.

Fruits sucrés et égouts

Alors que les marchés de Port Royal croulent sous les fruits exotiques juteux, l'air est loin d'être enivrant. La ville ayant doublé de taille en dix ans, le système d'égout est obsolète.

Cargos de contrebande

Les officiers des douanes de Port Royal sont aussi corrompus que le maître du port. Contre une partie de la cargaison d'un navire, ils laissent les contrebandiers décharger leurs biens sans payer de taxe d'importation. Ensuite, les contrebandiers chargent du rhum et du sucre qu'ils passeront en fraude en Amérique.

Comme une odeur de poisson

Le capitaine Jack Sparrow fait une entrée inhabituelle bien que gracieuse dans Port Royal. Perché sur le nid-de-pie d'un chalutier volé, le *Jolly Mon*, Jack arrive au port juste à temps. Bien qu'il ait écopé à toute vitesse, son embarcation coule lentement sous lui.

Le gouverneur Swann

Même si sa perruque lui échauffe et lui gratte le cuir chevelu, Swann se sent nu sans elle.

Nommé par le roi d'Angleterre, Weatherby Swann administre avec fierté la colonie britannique de Port Royal sur la vibrante et prospère île de la Jamaïque. Bien que charmant et poli, le pauvre Swann n'a aucun talent quand il s'agit de gouverner sa fille rebelle, Élisabeth. Alors une île entière !

Un père aimant

Depuis le décès de son épouse, le gouverneur Swann élève seul sa fille Élisabeth. Au fil des années, elle est devenue une magnifique jeune femme mais son entêtement et son dédain des convenances ont le don d'exaspérer son père.

Une vie de lord

Installé dans le quartier huppé de Saint Paul, l'immense hôtel particulier de Swann contraste avec la crasse des docks et les taudis de Port Royal.

De luxuriantes plumes d'autruche ornent son tricorne.

Tournure aristocratique

Diriger une colonie britannique demande une certaine autorité et la tenue du gouverneur Swann est destinée à impressionner. Sa redingote à la mode a été fabriquée par son tailleur de Londres et son jabot vient de Paris. Dommage qu'il accorde moins d'importance à son travail qu'à son apparence.

À l'assaut

L'univers douillet de Swann est mis sens dessus dessous quand le *Black Pearl* lance une attaque sur Port Royal. Appâtés par le médaillon en or qu'Élisabeth porte autour du cou, les pirates prennent d'assaut le manoir de Swann. Lorsque le gouverneur parvient à regagner sa demeure dévastée, sa fille, capturée par Barbossa, vogue déjà loin du port.

Un fort en flammes

Surplombant les docks, Fort Charles protège Port Royal des attaques de pirates, en théorie... En fait, le fort possède trop peu de canons et ses soldats sont plus doués en manœuvres et parades que sur le terrain. Comme la garnison peine à se défendre, inutile de compter sur elle pour protéger les habitants de Port Royal contre l'armada des pirates. Tandis que les boulets heurtent les remparts, le gouverneur Swann tremble de peur à chaque explosion.

À bras-le-corps

Quand les hommes de Barbossa s'élancent sur l'*Intrépide*, le gouverneur se réfugie dans les quartiers du capitaine. Découvert par un pirate sanguinaire, il échappe de justesse à ses griffes mais son supplice ne fait que commencer. À sa grande horreur, pendant leur escarmouche, le bras de son assaillant maudit se détache et prend vie.

« Élisabeth, où es-tu ? »

À bord de l'*Intrépide*, Swann ordonne à Élisabeth de rester à l'abri dans les quartiers du capitaine. Mais c'était sous-estimer le caractère et la détermination de sa fille... Il découvre avec contrariété qu'elle a noué des draps pour s'échapper et partir au secours de Will.

Élisabeth Swann

Vêtue de délicates soieries, Élisabeth Swann a tout d'une grande dame. Elle joue à merveille le rôle de la fille parfaite du gouverneur Swann quand, en secret, la haute société de Port Royal l'ennuie. Elle appréhende de devenir l'épouse du commodore, un homme respectable mais terne. Élisabeth rêve d'aventures et n'a jamais oublié le jour où elle a aperçu un bateau de pirates, huit ans plus tôt, lors de son départ d'Angleterre. À la fois excitante et effrayante, cette expérience représente son plus cher désir : une vie dans laquelle se mêleraient exaltation, danger et liberté.

Cheveux élégamment relevés en chignon.

Robe d'apparat parée de fines dentelles.

Son corset très serré sous sa robe l'empêche de respirer.

Un éventail la soulage un peu des chaleurs tropicales.

En route pour Port Royal

Au grand désespoir de son père, les pirates ont toujours fasciné Élisabeth. Enfant, lors de son voyage vers Port Royal, elle fredonnait leurs chansons. Quand l'équipage a secouru un naufragé, après l'attaque d'un bateau pirate, elle a aussitôt reconnu le médaillon qu'il portait.

Or aztèque

Élisabeth a dérobé son médaillon au jeune Will Turner pour que l'équipage de son navire ne le soupçonne pas d'être un pirate. Bien qu'elle l'ait conservé en lieu sûr, elle ignore les ennuis qu'il lui réserve.

Une mode à couper le souffle
Emprisonnée dans un corset et une robe de soie, Élisabeth étouffe. Elle préfère de loin revêtir une tenue de matelot qui n'entrave pas ses mouvements.

Un joli minois ? Pas seulement !
Élisabeth est vive et intelligente. Quand elle monte à bord du *Black Pearl* pour « parlementer » avec Barbossa, elle utilise le médaillon en or pour marchander. Dès qu'elle menace de jeter le bijou à la mer, le capitaine coopère mais, très vite, elle comprend qu'elle n'aurait pas dû lui faire confiance. En effet, Barbossa reprend la route sans l'avoir auparavant débarquée.

À bord du navire de la terreur

Quand elle rêvait d'aventures, Élisabeth n'imaginait pas un seul instant qu'elle pourrait un jour être projetée dans les airs par une armée de squelettes. Après une effrayante course-poursuite au clair de lune sur le pont du *Black Pearl*, elle se tapit dans un coin de la cabine de Barbossa.

Prête pour la bataille
À chaque défi, Élisabeth donne le meilleur d'elle-même. Là où la plupart des femmes de son époque auraient couru aux abris, Élisabeth, elle, se rue au cœur de l'action : par exemple lorsque l'*Intercepteur* prend en chasse le *Black Pearl*, elle prend les commandes, décide de faire pivoter le navire et déclenche les hostilités en ouvrant le feu.

Amour et loyauté
Élisabeth a tendance à n'écouter que son cœur. Alors qu'un mariage avec le commodore Norrington lui aurait apporté richesse et respect, la jeune femme préfère épouser un humble forgeron et devenir Mme Élisabeth Turner. Son père comprend enfin qu'il ne la fera jamais changer d'avis.

Signaux de fumée

Abandonnée sur une île déserte avec le capitaine Jack, Élisabeth découvre avec horreur que ce rusé pirate est incapable de les sortir de ce mauvais pas. Pendant que Jack boit jusqu'à plus soif, elle brûle son stock de rhum. L'éclat des flammes alerte la marine qui vient à leur secours le lendemain matin.

Will Turner

Jusqu'à ce qu'il rencontre Jack Sparrow, Will Turner le forgeur d'épées n'était qu'un simple artisan. Ses seules préoccupations étaient son travail et un amour impossible qu'il nourrissait en secret. En quelques heures, son monde a été bouleversé : il s'est retrouvé happé dans un univers cauchemardesque de pirates, de monstres, d'aventures et de trahisons.

Will sait lancer une hachette avec une précision incroyable.

Simple pourpoint.

Chaussures en cuir ornées d'une boucle en argent.

Un homme à la mer !

Will a rencontré Élisabeth encore enfant alors que des pirates avaient attaqué le navire sur lequel il naviguait. Ayant pour mission de prendre soin du garçon sauvé de la noyade, la fillette a tout de suite été attirée par lui – son intérêt a décuplé quand elle a découvert le médaillon pirate autour de son cou.

Le Bottier a ajouté une chaîne au médaillon pour que Will puisse le porter.

Symbole inquiétant.

Un mystérieux médaillon

Will croyait que son père était un respectable marchand. Quand il a envoyé à son fils un médaillon aztèque, celui-ci pensait qu'il s'agissait d'un bijou exotique acquis lors de ses voyages. Will est choqué et atterré lorsque Jack lui révèle que son père se nommait Bill Turner, dit le Bottier, « un brave homme et un brave pirate ».

Faits l'un pour l'autre

Huit ans après leur rencontre, Will est devenu l'homme dont Élisabeth a toujours rêvé. Elle n'ose pas lui avouer ses sentiments car jamais la fille du gouverneur ne pourra épouser un pauvre forgeron.

Un fier artisan

Dans sa forge poussiéreuse de Port Royal, Will actionne les immenses soufflets et remplit les foyers de charbon. Les flammes chauffent l'acier jusqu'à ce qu'il rougisse. Forger une magnifique épée est un travail de longue haleine. Les nombreuses heures passées à marteler, corroyer, aiguiser et polir ont enseigné à Will force et patience.

Peu assidu

Le maître de Will se nomme John Brown. Même si Brown est imbibé d'alcool et travaille rarement, cette forge est la sienne et son nom est gravé sur les épées que fabrique Will. Le fieffé ivrogne se vante aussi d'avoir attrapé Jack Sparrow, après l'avoir frappé par hasard avec une bouteille vide.

Duel avec un pirate

Will manie l'épée avec l'habileté d'un soldat. Quoi de plus normal ? Après avoir façonné les lames, il s'exerce à l'escrime plusieurs heures par jour. Quand il surprend Jack dans sa forge, Will n'a rien à envier au pirate. « Tu te débrouilles bien, je le reconnais », le raille Jack. Pour esquiver les assauts de Will, il est obligé d'effectuer des parades acrobatiques et des tours de passe-passe.

Un allié loyal

Quand Jack se retrouve face à son bourreau, Will se précipite à sa rescousse – à ses risques et périls. Même s'il est passible d'être pendu pour piraterie, Will possède un sens inné de la justice.

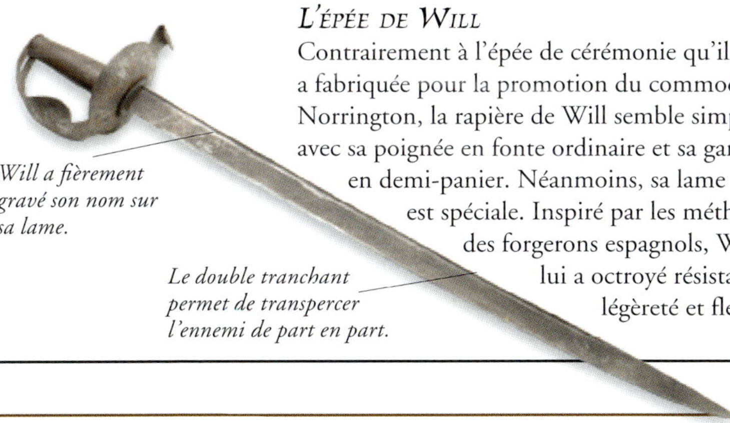

L'épée de Will

Contrairement à l'épée de cérémonie qu'il a fabriquée pour la promotion du commodore Norrington, la rapière de Will semble simple avec sa poignée en fonte ordinaire et sa garde en demi-panier. Néanmoins, sa lame est spéciale. Inspiré par les méthodes des forgerons espagnols, Will lui a octroyé résistance, légèreté et flexibilité.

Will a fièrement gravé son nom sur sa lame.

Le double tranchant permet de transpercer l'ennemi de part en part.

Norrington

Sa loyauté envers Sa Majesté le roi d'Angleterre a apporté à James Norrington respect et prestige. En tant que capitaine de l'*Intercepteur*, il a chassé et capturé les plus redoutables pirates des Caraïbes. Bien que Norrington ait été promu commodore de la flotte (avancement qui lui procure une certaine satisfaction), quelque chose manque encore à son bonheur : il rêve d'épouser la belle Élisabeth.

Un vaisseau spécial

L'*Intercepteur* est un navire parfait pour chasser les pirates sur les mers des Caraïbes. Ce brick présente des canons sur les deux ponts. Grâce à sa silhouette longiligne, il est rapide et pivote en moins de deux, mais il ne fait pourtant pas le poids face au *Black Pearl*.

Un officier loyal

Pour asseoir son autorité, un capitaine de la marine anglaise ne doit montrer aucune émotion à ses officiers. Norrington a passé tant d'années à étouffer ses sentiments qu'il agit de même en privé. Malheureusement pour lui, Élisabeth ne supporte pas ce trait de caractère.

Des marins maladroits
Des soldats en veste rouge veillent sur les navires de Norrington. Manque de chance, ce sont deux drôles de numéros, Murtogg et Mullroy, qui en ont la charge.

Une lame étincelante
Pour le féliciter de sa promotion, le gouverneur Swann offre une nouvelle épée à Norrington. Superbement forgée à la main par Will Turner, elle est équilibrée à la perfection et la poignée est ornée de filigranes dorés.

À la parade

Lors de la cérémonie de promotion de Norrington au Fort, le spectacle militaire est exceptionnel – concert de cornemuses et de tambours, défilé impeccable de marins… Centre de toutes les attentions, le commodore décide que l'heure est venue de demander Élisabeth en mariage. Fâcheuse coïncidence, la belle perd conscience et bascule par-dessus les remparts dans la mer. Un corset trop serré aura eu raison de son rêve.

Peine de mort

Norrington ne laisse jamais ses sentiments prendre le pas sur ses devoirs. Accusé de piraterie en haute mer et d'autres crimes (se faire passer pour un ecclésiastique de l'Église anglicane, par exemple), Jack Sparrow sait quel châtiment lui réserve le commodore : la pendaison.

Une fois rédigé, l'ordre d'exécution attend la signature du gouverneur Swann.

Éblouissante et désirable

Le commodore aime Élisabeth, mais d'autres raisons le poussent à l'épouser : elle pourra l'introduire dans les plus grandes familles de Londres et, quand son cher père mourra, elle héritera d'une petite fortune.

Les jeux de l'amour…

Quand Élisabeth soutient Will en protégeant Jack, Norrington comprend que son rival en amour a gagné la partie. Il accepte la défaite avec noblesse et déclare à Will : « Magnifique épée. Je souhaite que l'homme qui l'a forgée fasse preuve d'autant de précision et de dévotion dans tous les aspects de sa vie. »

… Et du destin

Après la fuite de Jack hors de Port Royal, une mission incombe à Norrington : le capturer à nouveau ! Il chasse donc le pirate à travers le monde, jusqu'à ce qu'il commette une erreur fatale. À la poursuite de Jack, il ordonne à son équipage de traverser un ouragan qui détruit son bâtiment. La marine le renvoie pour faute grave, si bien qu'il devient un ivrogne sans le sou.

Le Black Pearl

Avec ses voiles aussi noires qu'une nuit sans lune, sa coque assortie et ses deux rangées de canons meurtriers sur chaque flanc derrière les sabords, le *Black Pearl* est un véritable vaisseau de pirates. Ce navire exceptionnel nécessite un équipage aguerri et talentueux pour ferler les voiles en lambeaux lors des tempêtes et pour le défendre jusqu'à la mort en cas d'attaque.

C'est qui le patron ?

Les bateaux de pirates ont un capitaine, comme tout bon navire. Seule différence, l'équipage obéit aux ordres quand bon lui semble ! Les marins du *Pearl* ont juré de respecter le Code des pirates, mais les règles qu'il contient sont plus des lignes de conduite que des lois. L'équipage peut, par exemple, changer de capitaine s'il ne lui plaît pas.

NAVIGATION
Même s'il laisse souvent son mystérieux compas le guider, Jack navigue à la manière de tous les marins. Près des côtes, il se fie à ses cartes marines. Loin des terres, il utilise un sextant pour mesurer la hauteur du soleil à midi. Ainsi, il peut calculer la distance qu'il a parcourue au Nord ou au Sud.

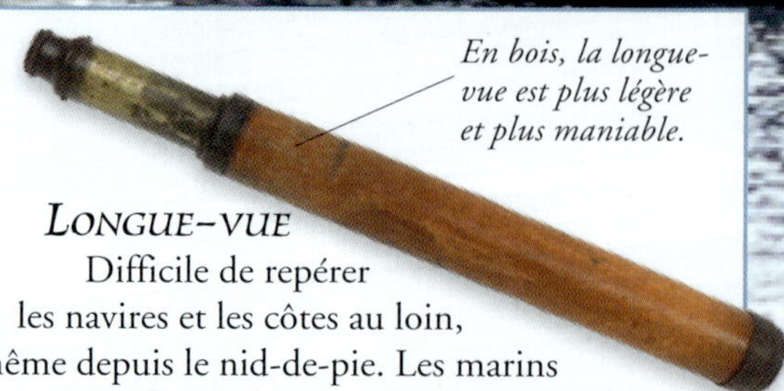

En bois, la longue-vue est plus légère et plus maniable.

LONGUE-VUE
Difficile de repérer les navires et les côtes au loin, même depuis le nid-de-pie. Les marins utilisent donc une longue-vue (sorte de télescope) pour discerner les obstacles.

La seule femme à bord

Comme tous les marins, les pirates sont superstitieux et sont persuadés qu'une femme à bord apporte la guigne. Seules exceptions : les femmes en bois ou figures de proue clouées à l'avant du navire. Celle du *Black Pearl* représente une magnifique femme aux bras tendus, un oiseau prêt à s'envoler dans la main.

Les toilettes n'existent pas sur les bateaux de pirates. L'équipage s'installe donc sur des « sièges d'aisance », des trous dans le pont derrière la figure de proue, agrémentés de sièges.

Les marins croyaient que les yeux de la figure de proue les aidaient à évoluer en mer.

Chargement de nourriture

Les aliments frais sont un luxe sur le *Pearl*, car ils pourrissent vite sous la chaleur tropicale. L'équipage se nourrit donc de biscuits de mer durs comme du bois et de viande salée. Le capitaine, lui, mange mieux grâce aux quelques moutons vivants et aux poules que le navire transporte.

Approvisionnement

Afin de charger le ravitaillement dans les cales, au fond du vaisseau, l'équipage le fait descendre par une écoutille. Pour les marchandises les plus lourdes, ils se servent des vergues comme grues.

Fais dodo, Colas mon p'tit frère

L'équipage du *Pearl* dort sur le pont ou dans des hamacs en contrebas, en cas de mauvais temps. Comme les sabords sont fermés, l'air circule peu et devient vite nauséabond. Les marins se réveillent avec la bouche pâteuse, comme s'ils avaient sucé une pièce de monnaie pendant leur sommeil.

La vie à bord du Pearl

Monde miniature, le *Black Pearl* est constitué de bois, de cordes, de goudron et de toile. Quand il part en expédition, son équipage doit prévoir victuailles et matériaux nécessaires jusqu'à la prochaine escale. Dans les cales, on trouve donc de la nourriture, de l'eau, des voiles et des cordes de rechange, du bois pour réparer le navire, mais aussi une réserve de poudre et de munitions en cas de bataille. et même un coffre rempli de médicaments et d'instruments chirurgicaux pour soigner les blessés. À la surface, les voiles en lambeaux fourvoient l'ennemi : poussé par une brise surnaturelle, le *Pearl* est plus rapide que n'importe quel vaisseau des Caraïbes.

Le Jolly Roger, célèbre pavillon pirate au sommet du mât principal, est le point le plus haut du navire. Il signale à ses futures victimes que l'équipage du Pearl *ne montre aucune pitié et n'en attend pas en retour. Chaque bateau pirate ajoute sa marque de fabrique au symbole d'origine ; des coutelas supportent ainsi la tête de mort grimaçante du* Pearl.

Depuis le nid-de-pie, une vigie aperçoit l'ennemi à une distance deux fois plus éloignée qu'un marin sur le pont en contrebas.

Entre les cordages qui supportent le mât, on trouve les enfléchures – échelons qui forment une échelle et permettent d'escalader le gréement. L'équipage grimpe pieds nus pour ajuster les voiles, souvent sous la tempête ou dans l'obscurité la plus totale.

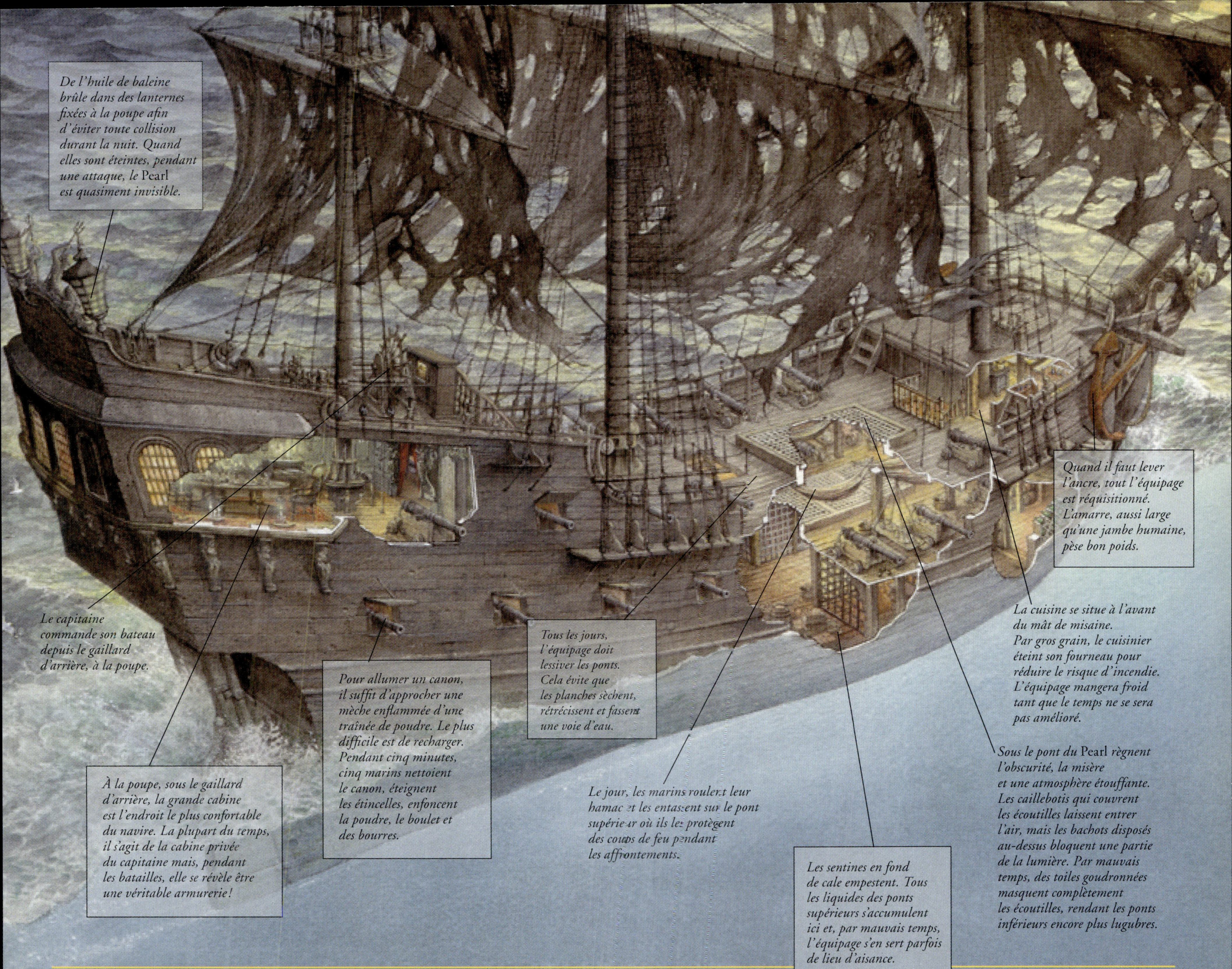

De l'huile de baleine brûle dans des lanternes fixées à la poupe afin d'éviter toute collision durant la nuit. Quand elles sont éteintes, pendant une attaque, le Pearl est quasiment invisible.

Le capitaine commande son bateau depuis le gaillard d'arrière, à la poupe.

À la poupe, sous le gaillard d'arrière, la grande cabine est l'endroit le plus confortable du navire. La plupart du temps, il s'agit de la cabine privée du capitaine mais, pendant les batailles, elle se révèle être une véritable armurerie !

Pour allumer un canon, il suffit d'approcher une mèche enflammée d'une traînée de poudre. Le plus difficile est de recharger. Pendant cinq minutes, cinq marins nettoient le canon, éteignent les étincelles, enfoncent la poudre, le boulet et des bourres.

Tous les jours, l'équipage doit lessiver les ponts. Cela évite que les planches sèchent, rétrécissent et fassent une voie d'eau.

Le jour, les marins roulent leur hamac et les entassent sur le pont supérieur où ils les protègent des coups de feu pendant les affrontements.

Les sentines en fond de cale empestent. Tous les liquides des ponts supérieurs s'accumulent ici et, par mauvais temps, l'équipage s'en sert parfois de lieu d'aisance.

Quand il faut lever l'ancre, tout l'équipage est réquisitionné. L'amarre, aussi large qu'une jambe humaine, pèse bon poids.

La cuisine se situe à l'avant du mât de misaine. Par gros grain, le cuisinier éteint son fourneau pour réduire le risque d'incendie. L'équipage mangera froid tant que le temps ne se sera pas amélioré.

Sous le pont du Pearl règnent l'obscurité, la misère et une atmosphère étouffante. Les caillebotis qui couvrent les écoutilles laissent entrer l'air, mais les bachots disposés au-dessus bloquent une partie de la lumière. Par mauvais temps, des toiles goudronnées masquent complètement les écoutilles, rendant les ponts inférieurs encore plus lugubres.

Barbossa

Impitoyable et rusé, Barbossa n'a qu'un but : redevenir mortel. Avec son équipage, il espère trouver assez d'or et de sang pour lever la malédiction aztèque. Sans eux, Barbossa ne peut ni mourir… ni vivre vraiment. Il mérite ce châtiment parce qu'il est sorti du rang et est devenu capitaine à force de traîtrise et de cruauté. Barbossa a commencé second sur le *Black Pearl*. Suite à une mutinerie, il a chassé Jack Sparrow de sa place de capitaine.

Tenaces rancunes

Après la mutinerie, Barbossa a abandonné Jack Sparrow, le capitaine déchu, sur une île déserte. Il lui a laissé un fusil et une balle pour se tuer quand la chaleur et la soif deviendraient insupportables. Aussi, quel n'est pas son étonnement de revoir Jack vivant !

HAUT LES CŒURS ! Bien qu'attiré par sa beauté, Barbossa pense que le sang d'Élisabeth l'aidera à lever la malédiction. Dommage, elle aurait fait une jolie fiancée de pirate !

Pas de pitié

Quand Barbossa se rend compte que Will est la clef de ses malheurs, Élisabeth n'a plus de valeur à ses yeux. Il n'hésite donc pas à la jucher sur la planche. Elle servira de repas aux requins… à moins qu'il ne lui réserve une mort lente sur une île déserte.

Les plumes d'autruche bleues trahissent la vanité de Barbossa.

Boutons en argent inca fondu provenant de galions espagnols.

Décoratif et mortel
Avec ce pistolet, Barbossa affronte la mort en gentleman. Il a gagné cette arme aux gravures raffinées lors d'un duel avec un pirate espagnol. Son imprudent adversaire a perdu son pistolet et la vie.

Vieux mais puissant

Barbossa est assez vieux pour être le père de certains de ses matelots et aucun ne remet en cause son autorité. Ils peuvent l'accuser d'être à l'origine de la malédiction aztèque, mais les talents d'épéiste de Barbossa mettront fin à toute rébellion.

La bague de Barbossa
Volée sur un vaisseau vénitien, la bague de Barbossa comporte une tête de lion, symbole de toute-puissance.

En chair et en os

Au moment où Barbossa monte sur le pont éclairé par la lune, Élisabeth découvre enfin son véritable visage. « Vous commencez à croire aux histoires de fantômes, Mlle Swann ? lui demande le mort-vivant. Car vous en vivez une. »

L'équipage maudit

Fripouilles, assassins, malfaiteurs, ivrognes et desperados hantent le *Black Pearl*. En d'autres termes, des pirates parfaitement ordinaires *a priori*, mais finalement maudits comme leur capitaine. Cerise sur le gâteau, ils doivent le suivre partout. Ils errent depuis si longtemps que leurs vêtements, à l'image des voiles, sont en lambeaux, rongés par le sel. Quand ils attaquent Port Royal, ils sentent que la fin de leur statut de mort-vivant approche. En effet, la dernière pièce d'or et le sang de Bill le Bottier sont à portée de main.

Pintel cultive son air renfrogné devant le miroir.

Le lavage des habits dans de l'urine après une bataille permet d'enlever les pires taches de sang.

Chaussures en cuir indémodables à grande boucle.

Tous sur le pont !

L'équipage du *Black Pearl* regroupe une douzaine de nationalités et inclut des esclaves réchappés d'Afrique occidentale et d'Hispaniola. Les autres étaient corsaires auparavant – des marins qui pillaient les navires ennemis en temps de guerre. Une fois la paix revenue, ils ont perdu leur travail et ont sombré dans la piraterie.

Monnaie de singe

Le plus petit membre d'équipage, mais aussi le plus utile, se nomme Jack, en l'honneur de Jack Sparrow. Le singe domestique de Barbossa prend soin du précieux médaillon en or et, quand le danger menace, il le garde hors de portée dans le gréement.

Ragetti a perdu un œil lors d'une bataille. L'œil de rechange que lui a donné Barbossa lui fait « un mal de chien ».

Veste volée à un noble français.

Le goudron incrusté dans le pantalon lui donne plus de résistance à l'eau mais aussi une odeur âcre.

Un duo de choc

Pintel et Ragetti sont des pirates sanguinaires mais, bien souvent, leur manque de bon sens et leurs incessantes chamailleries font d'eux la risée de leurs compagnons d'infortune. Enrôlés de force dans la marine anglaise, ils ont déserté après un an de coups, de pain sec et d'ennui, pour finir à bord du *Black Pearl*.

Drôles de déguisements

Pendant que le reste de l'équipage se rend sur l'*Intrépide*, Barbossa déguise Pintel et Ragetti : « Comme les Grecs à Troie, sauf qu'ils utilisaient un cheval, et non des robes. »

Taïaut !

À leur grande surprise, les hommes du *Pearl* rencontrent une forte résistance quand ils vont à l'abordage de l'*Intercepteur*. En effet, les pirates (qu'ils soient en chair et en os ou morts-vivants) n'ont pas l'habitude de voir riposter la partie adverse.

Explosif !

Les grenades artisanales sèment la panique et la confusion pendant les attaques des pirates. Leurs bombes, des bocaux en terre cuite, sont remplies de poudre à canon et explosent avec moult fumée et bruit.

Attaque latérale

Barbossa attend que l'*Intercepteur* soit le long de son bord avant d'ordonner à son équipage de tirer. Les canons ne sont pas assez précis pour abattre des cibles lointaines et, comme la majorité des pirates, les membres du *Pearl* manquent d'organisation pour s'en servir à bon escient.

La malédiction de l'or aztèque

Puni pour sa cupidité, l'équipage maudit du *Black Pearl* regrette le jour où il a mis la main sur ce butin. Au début, les hommes trouvaient cette histoire de malédiction stupide. D'accord, l'or avait appartenu à Hernando Cortés, le conquistador espagnol. Peut-être les autorités aztèques du Mexique l'avaient-elles soudoyé afin qu'il cesse de piller leur pays ? Et la malédiction ? « Ridicule superstition ! » clamait Barbossa. Hélas, il avait tort et, le temps que la vérité éclate, il était trop tard.

Des lambeaux de chair pendent de ses côtes aussi blanches que de la chaux.

La lune transforme les beaux habits de Barbossa en haillons.

Capitaine fantôme

Quand Barbossa avance sous le clair de lune, les tragiques effets de la malédiction se manifestent. Sa chair disparaît de ses os ; il devient un squelette ambulant. Pour renverser le sort, il doit replacer chaque pièce aztèque dans son sarcophage d'origine et ajouter le sang de Bill le Bottier.

La pomme de l'agonie

Privés du goût et de l'odorat, Barbossa et ses hommes endurent un calvaire sur terre. « … Notre soif n'est pas satisfaite, la nourriture se transforme en cendre dans notre bouche. » Le capitaine des pirates est obsédé par les pommes. Il rêve de redevenir mortel pour croquer à nouveau dans le fruit, goûter sa pulpe et sentir le jus couler sur son menton.

Équipage maudit

Pintel et Ragetti ne dérogent pas à la règle et errent de par le monde tels des squelettes impossibles à tuer. Ils désespèrent tellement de vivre qu'ils ont acquis un sixième sens : le repérage des pièces d'or. « L'or nous appelle », affirment-ils à Élisabeth quand ils la découvrent avec le médaillon aztèque dans la maison du gouverneur.

Une surprise pour Jack

Jack Sparrow a entendu des rumeurs sur le trésor maudit mais (heureusement pour lui) son équipage l'a abandonné avant qu'il ne prenne sa part du butin. Il apprend la vérité quand l'un des mutins cherche à l'étrangler dans les geôles de Port Royal. Lorsque la lune éclaire le bras du pirate, Jack marmonne : « Il y a donc une malédiction. Intéressant ! »

Coffre au trésor

Les Aztèques ont disposé 882 pièces en or identiques dans un coffre de pierre qu'ils ont remis à Cortés. « De l'argent taché de sang pour stopper le massacre du peuple inca commis par ses armées. » Au lieu de le combler, cet or a nourri sa cupidité, si bien que les dieux païens ont jeté un sort sur le coffre : tout mortel qui s'emparera d'une pièce sera maudit.

Desperados des profondeurs

Parfois, un mauvais sort peut avoir ses avantages. Fantômes indestructibles, les pirates ne flottent pas à la manière des mortels. Par conséquent, quand ils prévoient une attaque surprise de l'*Intrépide*, amarré dans les bas-fonds non loin des côtes de l'île de la Muerta, ils se contentent de marcher au fond de l'eau et d'escalader l'ancre.

Le plan de Jack

Malin, Jack utilise la malédiction pour se venger. En subtilisant une pièce, il devient immortel. Dès que les hommes de Barbossa sont à bord de l'*Intrépide*, il abat leur capitaine – au moment où Will jette la dernière pièce et un peu de son sang dans le coffre. Redevenu humain, Barbossa meurt.

Un festin de roi

À bord du *Black Pearl*, les pirates ont hâte de devenir à nouveau humains. Comme Barbossa, ils rêvent de goûter la nourriture et imaginent ce qu'ils mangeront en premier quand le sort sera levé.

L'île de la Muerta

Existe-t-il meilleur endroit où cacher un trésor qu'une île connue par nul autre que soi ? Sur l'île introuvable de la Muerta ou île de la Mort, au fin fond d'une grotte, Barbossa a découvert l'or aztèque dans un coffre en pierre, grâce aux informations soutirées à Sparrow. Puni pour sa cupidité, l'équipage du *Pearl* est obligé de restituer les 882 pièces, une à une.

Étrange trésor

Les pirates ne se contentent pas de ramener l'or aztèque sur l'île de la Muerta. Ils y entassent aussi tous leurs butins. Jusqu'à ce que la malédiction soit levée, les richesses ne leur servent à rien puisqu'ils ne peuvent pas les dépenser pour leur plaisir. Attention, tout n'est pas qu'or et pierreries dans la grotte. Par erreur, Pintel et Ragetti ont apporté une malle de robes.

Toujours plus haut
Accumulés dans des coffres, empilés n'importe comment, or et argent remplissent la grotte. Les bijoux précieux s'étalent sur le sol sablonneux.

Collier de perles ayant appartenu à la princesse de Bavière.

Broche dont l'améthyste centrale est aussi grosse qu'un œuf de pigeon.

Perles et pierres
Le trésor de l'île de la Muerta comprend de grandes quantités d'or, des lingots d'argent et des pièces de monnaie. Ces richesses ont été dérobées sur des galions entre les colonies espagnoles du Mexique et du Pérou, et Séville. Les bijoux les plus précieux ont, quant à eux, été subtilisés aux riches passagers de vaisseaux attaqués par le *Black Pearl*.

Fin de la malédiction ?

L'équipage de Barbossa conduit Élisabeth sur l'île afin qu'elle rende la dernière pièce qu'elle porte autour du cou. Ils comptent la poignarder avec un coutelas car ils la prennent pour la fille de Bill le Bottier dont le sang peut lever la malédiction. À tort. Elle a menti sur son identité et leur a donné le nom de famille de Will.

Rameur, ramons

Jack et Will suivent l'équipage du *Black Pearl* sur l'île. Bien cachés, ils regardent Barbossa organiser le sacrifice d'Élisabeth. Comme Jack ne veut pas interrompre la cérémonie, Will, choqué par tant d'indifférence, l'assomme avec une rame et court mettre Élisabeth à l'abri.

POIGNARDÉ DANS LE DOS
Un squelette transpercé par une épée éveille les soupçons de Will : et si Jack le trahissait ?

Nous avons un accord !

Le capitaine Sparrow est peut-être sournois, il n'est cependant pas un traître, malgré ce qu'en pense Will. Quand Barbossa retourne sur l'île de la Muerta pour faire couler le sang du fils du Bottier, Jack lui propose un marché. « Lever une malédiction est une chose qu'on doit faire au bon moment », conseille-t-il à Barbossa. Sa prudence sauvera la vie de Will.

Jour de noces

Dentelle blanche, fleurs, robe raffinée, autel… Tout est en place pour que le mariage d'Élisabeth se déroule à la perfection. Excepté un détail : le marié. Des nuages noirs s'amoncellent dans le ciel, des larmes voilent les yeux de la mariée. Will lui ferait-il faux-bond ? Finalement, tandis qu'une averse tropicale détrempe sa belle robe de mariée, Élisabeth apprend la vérité : Port Royal a un nouveau maître et Will est sous les verrous. Les futurs époux sont condamnés pour avoir aidé Jack Sparrow à s'échapper.

Magnifique robe ambre ruinée par la pluie.

La pluie battante emporte les pétales de son bouquet et le sourire de ses lèvres.

Une arrivée inattendue

Le fauteur de troubles se nomme Lord Cutler Beckett, de la Compagnie des Indes. Intelligent et sournois, il est plus puissant que le gouverneur Swann. Recourant à des mesures d'urgence pour « débarrasser les mers de toute piraterie », il prend le contrôle de Port Royal.

Aux fers

Arrêté quelques heures avant son mariage, Will Turner arrive à la chapelle, menottes aux poignets. Beckett lit les charges retenues contre lui : « … a conspiré pour libérer un homme inculpé de crimes contre l'Empire et condamné à mort. Mérite donc… la peine de mort. »

Mariage pluvieux

Comme si cette humiliation ne suffisait pas, un orage finit de gâcher le mariage. Les palmiers ploient sous les rafales de vent, les chaises s'envolent, les invités courent s'abriter. Incrédule, dépassée par les événements, Élisabeth tombe à genoux sur l'herbe détrempée.

Invités non désirés

Les hommes de Lord Cutler Beckett ne prennent pas de risques. Ils encerclent la chapelle dans laquelle Élisabeth, vêtue de sa robe ruisselante, est effondrée. « Veuillez m'excuser d'arriver sans invitation », lance Beckett au gouverneur Swann avec un respect feint.

Une mariée déconcertée
Relevée par des soldats, Élisabeth ne comprend pas ce qu'il se passe. Quand elle se retourne et aperçoit les menottes de Will, elle réalise qu'il a été arrêté. Son rêve d'épouser l'homme de sa vie se brise en mille morceaux.

Souliers en soie
En soie de Chine, les escarpins d'Élisabeth comportent de minuscules perles d'eau douce qui en rehaussent les détails. Bien que ses souliers soient assortis à sa robe et à sa traîne, des bottes lui auraient été plus utiles pour marcher dans la gadoue.

En état d'arrestation

L'arrivée de Beckett en compagnie de Will a choqué le gouverneur Swann. « Quelle autorité vous permet d'arrêter cet homme ? » demande-t-il. « Celle de la Couronne britannique », réplique Beckett en brandissant une pile de documents pour le prouver. En effet, le nom de Will se trouve sur le mandat ; il ne peut nier sa culpabilité. Beckett possède un autre mandat pour Élisabeth, et un troisième pour Norrington.

À la recherche de Jack

Parti à la recherche de Jack Sparrow, Will désespère de le trouver. Le pirate pourrait être n'importe où… Comment réussir là où la marine anglaise a échoué ? Will parcourt donc les Caraïbes de long en large. Les indices qu'il récolte le conduisent à une île éloignée… et à un terrible danger.

Will le conquérant
Quand il rend visite à sa promise emprisonnée, Will lui fait part du marché proposé par Beckett : elle sera libre s'il traque Jack. Will n'a pas le choix, il doit accepter. Au fond d'eux-mêmes, ils ne sont pas sûrs que Beckett tiendra parole.

Lord Beckett

En tant que responsable de la Compagnie des Indes, Lord Cutler Beckett a une mission bien précise à accomplir : éradiquer la piraterie. Il est donc venu à Port Royal pour capturer et exécuter des gredins comme Jack Sparrow et l'équipage du *Black Pearl*. Peu importe la manière.

Un fin bec, ce Beckett

Même si, en apparence, il ne s'intéresse qu'aux pirates qui écument les mers, Beckett a une raison supplémentaire de capturer Jack Sparrow. Informé de l'existence du coffre maudit et du fait qu'il contient le cœur de Davy Jones, Beckett espère que Jack le conduira au coffre. Ensuite, il pourra contrôler Davy Jones et éliminer jusqu'au dernier pirate régnant sur les Sept mers.

Mercer

À son arrivée à Port Royal, Beckett est accompagné de son fidèle assistant, Mercer. À première vue, cet homme est un employé comme un autre – efficace, obéissant et loyal. Les apparences sont parfois trompeuses. Quand il exécute le sale travail de son maître, il se montre cruel, menaçant, bas. Tout est bon pour assouvir la soif de pouvoir de Beckett.

Une arrivée fracassante
Dès son arrivée à Port Royal, Beckett affirme son autorité. Les navires de la marine anglaise bouclent le port, les soldats défilent le long du quai, un canot amène sur la berge Beckett juché sur un cheval blanc. Comme par hasard, son apparition coïncide avec le mariage d'Élisabeth et de Will, qu'il interrompt. Il compte se servir d'eux pour appâter Jack.

Swann vaincu

Surpris en train d'aider sa fille à fuir l'île, le gouverneur Swann est emprisonné. Il suppose que, désormais, Beckett gouvernera seul Port Royal. Mais son rival est plus intelligent que cela : il veut que Swann reste gouverneur ; en échange de la protection d'Élisabeth, il doit envoyer au roi des rapports élogieux sur Beckett.

MARQUÉ

Beckett marque les pirates avec un « P ». Ce fer à marquer devient rouge vif quand il est chauffé et permet à Beckett d'infliger un châtiment bien particulier. Il appuie la lettre brûlante sur l'avant-bras des pirates capturés qui finissent tatoués à vie.

Jack Sparrow a subi le supplice du tison.

Brevet de pirate

Beckett sait que Jack ne veut pas lui remettre son compas. En échange, il lui propose des lettres de course. Signés par le roi d'Angleterre, ces documents feront de Jack un corsaire patenté. Il sera absous de ses crimes passés et pourra attaquer en toute légalité les vaisseaux de toutes les nations en guerre contre l'Angleterre.

Sceau royal et signature du roi George.

Protège-documents en cuir.

Beckett doit apposer le nom de Jack en bas des lettres.

Sceau et signature de Beckett.

PISTOLET DE POCHE

Beckett s'est fait de nombreux ennemis durant sa quête de pouvoir. Certains le tueraient avec joie. Pour se protéger, il porte toujours une arme. Son canon court lui permet de la glisser facilement dans une poche conçue à cet effet dans la doublure de sa redingote.

Sécurité qui empêche les coups de partir par mégarde.

Le plan de Beckett

Lord Cutler Beckett est un fidèle serviteur de la Compagnie des Indes. Il a de telles ambitions pour sa firme qu'il a fait peindre une carte du monde sur les murs de son bureau pour les illustrer. Pour parachever le succès de son entreprise, il compte débarrasser les mers de tous les pirates avec l'aide du coffre maudit. Ensuite, il contrôlera Davy Jones en personne et régnera sur chaque vaisseau, chaque marin et chaque créature des Sept mers.

Peindre dans les coins

La carte de Beckett nécessite des actualisations fréquentes. Il emploie donc un artisan qui apporte jour après jour des modifications à la carte. Dès qu'un navire fait part de nouvelles découvertes ou d'un essor récent de la compagnie, il remplit les zones blanches de la carte et ajoute le nom des ports, des pays et des villes.

Le marché de Jack

Les pirates n'achètent jamais leur embarcation. Certains les « empruntent », la plupart les volent. D'autres les acquièrent lors d'échanges douteux. Le *Black Pearl* ne ressemble à aucun autre navire et Jack Sparrow ne ressemble à aucun autre pirate. Un sombre et dangereux marché les a rapprochés. Treize ans plus tôt, Jack a conclu un accord avec Davy Jones : le commandant des océans acceptait de remonter le *Black Pearl* des profondeurs si Jack lui vendait son âme. L'heure est venue pour Jack d'honorer sa part du marché.

Coquillages et pouces-pieds croissent sur son visage.

Le messager de Davy Jones

Par un étrange tour du destin, c'est le père de Will, Bill le Bottier, qui annonce à Jack la mauvaise nouvelle. Après que le Bottier a été jeté par-dessus bord par Barbossa, Davy Jones lui a proposé de sauver son âme s'il jurait de servir sur le *Hollandais Volant* pendant un siècle. Depuis, Bill seconde bien malgré lui le maître des océans.

Cauchemar
Au début, Jack pense qu'il a bu trop de rhum. Il cherche une autre bouteille et en trouve une couverte de pouces-pieds. Celle-là ne contient que du sable. Quand le Bottier sort de l'ombre, Jack est surpris. « Je rêve ? » s'exclame-t-il, persuadé qu'il va bientôt se réveiller.

Une dette à honorer
Le Bottier rafraîchit la mémoire de Jack Sparrow : « Les termes qui se sont appliqués à moi s'appliquent aussi à toi : un siècle durant, une âme condamnée à servir ce navire. » Soit Jack se soumet, soit le Kraken mettra fin à ses jours.

Liens familiaux
Jack informe le Bottier que Will l'a aidé à reconquérir le *Black Pearl*. Choqué, Bill n'en revient pas que son fils ait « tourné pirate, en fin de compte… ».

Des balanes s'accrochent à la poignée et à la garde.

L'épée du Bottier
Bien qu'elle soit forgée dans du fer extrait des fonds marins, l'épée du Bottier ne paie pas de mine. Une épaisse couche de rouille a dépoli et émoussé la lame autrefois luisante. Dans la main de Bill, elle demeure cependant une arme redoutable. Il la brandit avec une extrême puissance, coupant les lourdes pièces de bois des navires comme s'il s'agissait de simples algues.

La tache noire

Jack est un homme marqué après la visite de Bill le Bottier. Horrifié, le capitaine Sparrow examine la paume de sa main sur laquelle apparaît la tache noire. Elle lui signale que l'obéissant monstre marin de Davy Jones parcourt les Sept mers à sa recherche. Dépourvu de pitié, le Kraken le traînera jusqu'au *Hollandais Volant* et le remettra à Davy Jones à qui il sera obligé de payer sa dette.

L'île des cannibales

Dans la zone la plus reculée de la mer des Caraïbes émerge une île mystérieuse. Loin des routes maritimes traditionnelles, elle n'apparaît sur aucune carte. Les Pelegostos, peuple de guerriers primitifs qu'elle abrite, cachent un terrible secret : ils se délectent de chair humaine. Et, malheureusement pour lui, c'est sur cette île que Jack va trouver refuge…

Ces ponts branlants en lianes permettent aux cannibales de traverser les profonds ravins qui découpent l'île.

Le clan des cannibales
Peints, piercés, masqués et surtout affamés, ces cannibales sont laids à faire peur. Leurs peintures faciales et corporelles ne sont pas simplement décoratives. Grâce à elles, ils passent inaperçus dans la forêt tropicale humide qui couvre leur île natale. Leurs armes ? Des lances, des machettes et des sarbacanes aux fléchettes empoisonnées.

Home Sweet Home
Composées de fibres végétales entremêlées, les huttes des cannibales ressemblent aux nids en entonnoir des araignées. Ne pas se fier à leur aspect fragile, elles protègent très bien des violents orages tropicaux.

La danse de la mort
Mi-ballet, mi-marche funèbre, cette danse tribale célèbre un festin de roi. Les habitants dansent avec une frénésie exceptionnelle : Jack Sparrow est au menu. En le mangeant (croient-ils), ils libéreront le dieu emprisonné en lui.

Recyclage
Ce tas d'os a son utilité. Les crânes font de sympathiques récipients et, dans les orbites des yeux, les bougies tiennent à peu près droit.

Le village est construit sur un plateau, au sommet de l'un des pics de l'île.

La tribu des Pelegostos

Will suit Jack jusqu'à une île éloignée et apparemment déserte. Il flaire le danger quand le patron du crevettier qui l'a transporté là s'empresse de partir. Tandis qu'il avance sur la plage, Will est surpris par le silence de mort qui règne. Soudain, le perroquet de Cotton se pose sur un arbre et crie : « Ne me mangez pas ! ». Pendant qu'il se fraie un chemin dans les terres, Will ressasse les paroles du perroquet sans savoir qu'il se jette dans la gueule du loup.

Traque tropicale

Will ne voit pas les silhouettes accroupies qui le surveillent. Leurs peintures corporelles leur offrent un camouflage parfait dans les profondeurs de la jungle. Will est capturé sans s'être rendu compte de quoi que ce soit.

CHEF RÉTICENT
La tribu des Pelegostos a élevé Jack au rang de roi ! Ils lui ont fait présent d'un surprenant collier en orteils d'humains et ont peint sur son visage quatre effrayantes paires d'yeux exorbités.

SUR LE TRÔNE
Au centre du village, Jack est assis sur un grand trône décoré de crânes et d'ossements. Comprenant un peu le langage local, il s'adresse à ses sujets avec force grognements, clics et grincements de dents.

Retour de bâton

Une fois qu'ils ont capturé Will, les chasseurs le ligotent tel un animal et le transportent jusqu'à leur village. Là, Will est enchanté de voir Jack qui, pense-t-il, se hâtera de le libérer. Quand Jack prétend ne pas le reconnaître et lui chuchote : « Sauve-moi », Will comprend qu'un sort funeste les attend tous les deux.

Actes de loyauté

En tant que roi des cannibales, Jack doit porter un collier spécial en orteils humains. Son sceptre en plumes implique que tout le monde doit lui obéir (tant qu'il ne demande pas la liberté).

Des tendons maintiennent les plumes en place.

Collier d'orteils.

L'équipage s'enfuit

Bien qu'ils soient emprisonnés dans une cage faite d'ossements humains, Will et les hommes du *Black Pearl* parviennent à s'échapper en emmenant leur prison avec eux. Ils se précipitent vers la plage, le vaisseau et la liberté !

Sparrow façon kebab

Avant que les cannibales ne le fassent rôtir, Jack s'évade à son tour. Le pieu en bois attaché à son dos fait une superbe perche qui le projette de l'autre côté du ravin.

Sprint final

Au moment où le *Black Pearl* s'éloigne, le capitaine Jack Sparrow se rue sur la plage et saute à bord à la dernière seconde. Les cannibales feront régime pour cette fois.

L'antre de Tia Dalma

En haut d'un arbre, près de l'embouchure du fleuve Pantano, est perchée l'antre de la princesse vaudou Tia Dalma. Dans cette humble demeure, humide et lugubre, les apparences sont trompeuses et il est conseillé de ne pas tirer de conséquences hâtives ! Tia Dalma prédit l'avenir, invoque les démons, examine les tréfonds de l'âme humaine. Ainsi, c'est vers cette prêtresse à la fois belle et mystérieuse que Jack se tourne quand il décide de retrouver Davy Jones.

Pinces de crabes

Tia Dalma possède des pouvoirs surprenants qu'elle utilise pour aider son « vieil » ami Jack. À l'aide de pinces de crabe, la prêtresse voit ce que les mortels ordinaires ne voient pas. Elle jette donc doucement quelques pinces sur une table en bois brut et « lit » leur position afin d'apprendre où se situent Davy Jones et son équipage.

De délicats motifs soulignent ses yeux hypnotiques.

COLLIER MAGIQUE
Autour du cou de Tia Dalma, un curieux bijou pend au bout d'une chaîne en argent. Bien que le pendentif en forme de crabe ait été dépoli et terni par le temps, un mystérieux visage demeure visible.

Chaîne en argent le plus pur.

Pinces de crabes.

Sur terre et sur mer

Tia Dalma révèle à Jack ce qu'il veut savoir : où trouver le *Hollandais Volant* et son capitaine, Davy Jones. Pour le protéger de son ennemi, elle donne à Jack un bocal de terre destiné à le tromper.

Œil pour œil

Le repaire de Tia regorge de bocaux remplis d'objets bizarres. L'un d'eux subjugue Ragetti. Dans une jarre cerclée de fer et suspendue à un chevron, flottent des dizaines de globes oculaires. Pour le commun des mortels, cette vision donne la nausée, mais pas pour Ragetti qui les contemple longuement. Depuis une éternité, il meurt d'envie d'échanger son œil de bois contre un vrai… Qui sait ? ce soir, son rêve va peut-être devenir réalité ?

Étrange attraction

La finesse des traits de Will charme Tia Dalma. Dès qu'il franchit le seuil de son antre, elle lui décoche un sourire enjôleur. Persuadé que ce sourire lui est adressé, Jack est vexé que son ancienne conquête l'ignore ainsi. Elle caresse la joue de Will. « Toute ta vie sera guidée par un destin plus fort que toi, Will Turner », lui déclare-t-elle. Bien qu'ils ne se soient jamais rencontrés, elle connaît son nom !

Davy Jones

Imaginez une créature mi-humaine, mi-monstre marin, dont les yeux noirs seraient aussi implacables que ceux d'un requin, qui aurait une pince de crabe en guise de bras et une barbe faite de tentacules. Cette créature cauchemardesque se nomme Davy Jones, le légendaire maître des océans. Condamné à parcourir les mers éternellement à bord de son vaisseau-fantôme, le *Hollandais Volant*, Jones offre aux marins qui se noient une chance de vivre. Pour cela, ils doivent rejoindre son équipage et, souvent, ce destin s'avère pire que la mort.

Une bête sans cœur

Selon la légende, Davy Jones est tombé follement amoureux d'une femme « aussi cruelle et indomptable que la mer ». Comme sa douleur devenait trop insupportable, il s'est arraché le cœur, l'a enfermé dans un coffre dont il garde précieusement la clef sur lui nuit et jour. Quant à l'emplacement du coffre, ils sont peu nombreux à le connaître.

Bill le Bottier

Le père de Will Turner, Bill le Bottier, a vendu son âme à Davy Jones. Membre relativement récent de l'équipage du *Hollandais Volant*, il garde encore une apparence à peu près humaine.

Chaud brûlant

Sculptée dans un os de baleine, la pipe de Davy Jones quitte rarement ses lèvres. Il la remplit d'une mystérieuse mixture qui se consume avec une telle vigueur qu'elle reste allumée dans les abysses.

Pauvre Wyvern

Plus un matelot navigue sur le *Hollandais Volant*, plus terrible est son destin, car, petit à petit, il fait corps avec le vaisseau. L'anatomie de Wyvern comprend autant de bois que les baux et les assemblages du navire. Cependant, grâce aux vestiges d'humanité qui lui restent, il aide Will à trouver la clef du coffre maudit.

Au bout de son bras tendu oscille une lanterne.

Wyvern est quasiment incapable de se libérer.

Couvert de coraux et de balanes, Wyvern fusionne avec la coque du bateau.

Père et fils

Alors qu'il se retrouve avec son fils sur le pont du *Hollandais Volant*, Bill le Bottier reconnaît Will au moment où ce dernier va être fouetté. D'abord incrédule, il est bien déterminé à aider son fils à échapper aux griffes de Jones.

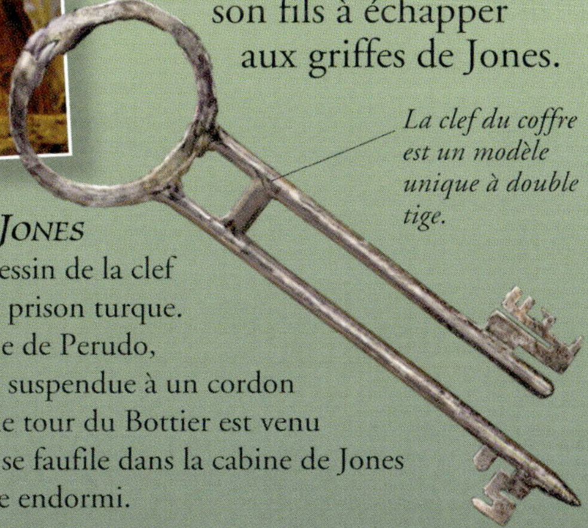

La clef du coffre est un modèle unique à double tige.

La clef du cœur de Jones

Will montre à son père le dessin de la clef que Jack a obtenu dans une prison turque. Lors d'une dangereuse partie de Perudo, ils apprennent que Jones l'a suspendue à un cordon autour de son cou. Quand le tour du Bottier est venu de monter la garde, son fils se faufile dans la cabine de Jones et dérobe la clef au capitaine endormi.

Sculptures de serpents marins.

Serrure en forme de cœur ou de crabe.

Le coffre maudit

Le cœur de Davy Jones bat toujours dans ce coffre finement sculpté. Will apprend que, s'il retrouve le coffre, l'ouvre et poignarde le fameux cœur, Davy Jones mourra et l'équipage maudit du *Hollandais Volant* – et son père en particulier – sera enfin délivré de ce marché diabolique.

Le Hollandais Volant

Quand les marins se réveillent en hurlant, c'est qu'ils ont rêvé d'un vaisseau fantôme et de son terrifiant équipage. Dans les légendes, le *Hollandais Volant* s'élève des profondeurs de la mer, son gréement drapé d'algues, ses voiles rougeoyant tel un brasier. Il file sur les eaux limpides pendant que les autres vaisseaux sont encalminés. Dans ses entrailles soupirent des voix humaines accablées par un siècle d'esclavage. Alors qu'ils sont sur le point de se noyer, les marins tombés par-dessus bord réalisent trop tard que le *Hollandais Volant* n'est pas un simple mythe : le bâtiment apparaît sous leurs yeux et, sans perdre une seconde, il les arrache aux griffes de la mort. L'option suivante s'offre alors à ces hommes en perdition : mourir ou servir Davy Jones, le capitaine de ce navire maudit.

Musique mélancolique

Tous les soirs, un air obsédant enveloppe le navire. Cette musique provient de l'immense orgue de Davy Jones qui a poussé tel du corail. Assis aux claviers, le capitaine déverse pendant des heures sa tristesse dans ces mélodies funèbres. Au-dessus des touches trône la gravure d'une femme à la chevelure ondoyante, entourée de créatures marines. Quand il joue, Jones semble tourmenté par cette image, à la fois obnubilé par elle et incapable de la regarder.

LA BOUCHE DU CANON
Chaque élément du *Hollandais Volant* semble vivant. Même les sabords arborent des visages grimaçants. Quand le navire lance une attaque, la rangée de bouches qui garnit la coque s'ouvre en grand pour découvrir les canons.

SINISTRE FIGURE DE PROUE
À la proue du vaisseau fantôme est suspendue la sculpture de la Grande Faucheuse, célèbre allégorie qui vole les vies d'un coup de lame. Jones n'aurait pu choisir meilleur étendard, lui qui ne se contente pas seulement de recueillir l'âme des marins en perdition, mais qui leur offre surtout un destin tragique.

LA CABINE DU CAPITAINE
Au cœur du bâtiment, la cabine de Jones est illuminée par des millions de créatures venues des profondeurs. Elle est décorée par une collection de sculptures représentant le naufrage de navires coulés par le Kraken.

ÉCLAIRAGE SORDIDE
Peu de marins ont vu la poupe du *Hollandais Volant*, mais ceux qui l'ont vue ne sont plus là pour en témoigner. Les fenêtres éclairées, la grande cabine prend l'apparence d'une grande bouche grimaçante. Plus haut, le pont est décoré de squelettes entremêlés de cruels monstres marins.

L'équipage de Davy Jones

Le jour où ils entendent le bruit de ces pieds détrempés et incrustés de coquillages sur le pont de leur navire, la plupart des marins paniquent et se précipitent par-dessus bord. Ces brigands des mers sont des âmes désespérées qui ont préféré servir Davy Jones un siècle durant plutôt que d'affronter la mort.

Une vision cauchemardesque

Même s'ils possèdent tout un assortiment d'armes meurtrières, les hommes de Davy Jones en ont rarement besoin. Leur apparence suffit à faire mourir de peur leurs ennemis !

Koleniko

Le destin de ce pirate hérissé est effrayant : il enfle au point de devenir un poisson globe ! Grâce à son gros œil rond, il lit dans les étoiles comme personne, si bien que Jones fait souvent appel à ses talents de navigateur. Il ne refuse jamais une partie de Perudo avec ses amis Maccus et Clanker.

Maccus

Reconnaissable à sa tête d'enclume, le second du *Hollandais Volant* aime faire le sale travail. Dès qu'un vaisseau dévasté apparaît à l'horizon, Maccus est le premier à passer à l'action. À l'aide de ses yeux supplémentaires, il compte les morts et repère les recrues potentielles.

Les Jumeaux

Deux têtes valent mieux qu'une quand il s'agit de terrifier ses ennemis ! Ces frères inséparables ne sont pas uniquement rattachés au *Hollandais*, ils sont aussi attachés l'un à l'autre. Cette affreuse transformation les aide à supporter les tâches ingrates et mécaniques qui leur sont assignées sur le navire.

Clanker

Marin ! Agenouille-toi vite et prie ! Cette infamie aux épais sourcils de crustacés manie ses boulets à chaîne avec une force redoutable. Son rire amer résonne dans tout le bateau, en particulier quand les autres souffrent.

L'île des Quatre Vents

Dans les mains d'Élisabeth, le compas de Jack indique l'île des Quatre Vents. Tandis que le *Black Pearl* s'approche de l'île déserte, Jack sait que le coffre maudit n'est plus très loin. Il va enfin être libéré de sa dette envers Davy Jones. Mais Jack ignore que d'autres que lui ont des vues sur le coffre.

Trésor enfoui

Élisabeth conduit Norrington et Jack à l'emplacement du coffre. Alors qu'ils creusent, une pelle heurte un obstacle. Jack se précipite pour balayer le sable qui dissimule un grand coffre. Il l'extrait du sol et s'empresse d'en briser la serrure avec sa pelle.

Pouls rapide
Le coffre contient des souvenirs de l'amour perdu de Jones ainsi qu'un coffret dans lequel ils entendent battre son cœur.

Bataille en front de mer
Jack a enfin ce qu'il désirait : le cœur qui obligera Jones à rappeler son Kraken. Mais soudain, Will surgit avec la clef – il veut poignarder le cœur afin de libérer son père, esclave à bord du *Hollandais Volant*. Quand Norrington réclame à son tour le coffre qui lui permettra de regagner son honneur, une bataille acharnée débute.

Horreurs nautiques

Pendant qu'ils se battent avec acharnement, Jack, Norrington et Will n'aperçoivent pas la silhouette menaçante du *Hollandais Volant* stationné non loin du rivage. Comme Davy Jones ne peut pas se rendre sur la terre ferme, il missionne ses féroces équipiers. Les monstres émergent donc des eaux cristallines et s'enfoncent dans la forêt.

Une terrible tentation

Ayant vu le *Hollandais Volant* apparaître, Pintel et Ragetti prennent leurs jambes à leur cou et croisent Jack, Will et Norrington qui se battent. Comme personne ne les observe, ils en profitent pour faire main basse sur le précieux coffre avant de s'enfuir dans la jungle.

ÉCHAPPÉE BELLE
La chance de Pintel et Ragetti tourne ; ils regrettent vite d'avoir dérobé le coffre car rien ne les préparait à tomber nez à nez avec les hommes poissons de Jones.

ÉQUILIBRISTES
Alors que Jack, Will et Norrington arrivent dans un moulin abandonné, leur combat prend un tour inattendu. Will et Norrington s'affrontent en équilibre sur une immense roue qui se détache et traverse la jungle à toute allure.

Fin du voyage

Après une lutte éprouvante avec Will, Jack et l'équipage du *Hollandais Volant*, Norrington arrive, sale et débraillé, dans le bureau de Beckett. Finalement, où se trouve le cœur ? Sur le *Black Pearl*, dans le bocal de terre de Jack ? Sur le vaisseau fantôme de Davy Jones, dans le coffre récupéré par les monstres marins ? Ou encore entre les mains de Norrington ? Dans ce cas, il pourrait acheter sa rédemption et regagner sa place dans la société…

Le Kraken

L'obéissante créature de Davy Jones choisit ses proies parmi les bâtiments et leur équipage imprudents. Précédé par un rugissement abject et une vague colossale faite d'écume et d'embruns, un gigantesque tentacule brise la surface de la mer. Froid, humide, visqueux et horriblement puissant, il s'enroule autour du pont du navire et le brise, telle une allumette. Puis, lentement, à la grande horreur des survivants, la tête du monstre s'élève hors des flots. Son haleine sent les milliers de cadavres en décomposition qu'il a engloutis. Ses yeux ronds se focalisent un instant sur la scène. Enfin, le démon aquatique plonge et emporte avec lui le vaisseau maudit afin de le remettre à Davy Jones. Le Kraken a encore frappé!

Des marins s'accrochent désespérément aux vestiges du navire.

Le Kraken enveloppe le vaisseau entre ses tentacules avant de l'entraîner au fond de la mer.

*Aucun bâtiment ne résiste au redoutable Kraken. L'*Édimbourg *est emporté comme un fétu de paille.*

Le calme avant la tempête

Le Kraken surgit sans prévenir. Il jaillit soudain des profondeurs et ne laisse aucune chance aux malheureux marins. Chose incroyable, la créature infernale se déplace sans le moindre bruit. Elle se sert de ses puissantes ventouses pour se mouvoir le long des rochers au fond des océans, loin des regards. Dès qu'elle est sous sa proie, elle attaque!

Monstre aquatique

Pendant des siècles, cette créature des profondeurs a terrorisé les marins du monde entier. Peu ont vu le Kraken et survécu pour le raconter. Le monstre mesurerait dix navires mis bout à bout ; il aurait des tentacules puissants et une immense bouche remplie de plusieurs rangées de dents acérées.

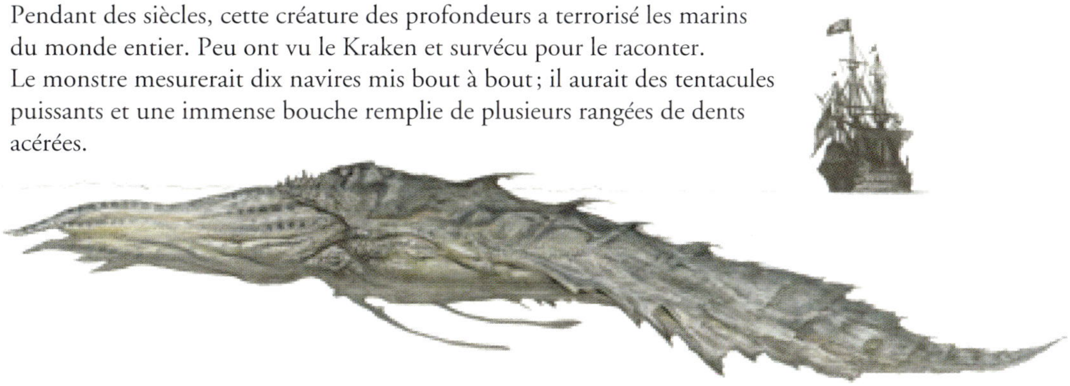

Singapour

Semblable à un village décrépit où règnent délabrement et odeurs pestilentielles, ce port ténébreux dissimule des secrets inestimables qui conduisent les pirates à des trésors dépassant leurs rêves les plus fous. Élisabeth et Barbossa, eux, cherchent des indices qui les aideront à secourir le capitaine Jack Sparrow. Déterminés à trouver un navire et un équipage prêts, à se rendre jusqu'au Bout du Monde, ils espèrent aussi que le seigneur Sao Feng les recevra sans rechigner…

Pour se confondre avec les autochtones, Élisabeth porte un chapeau à grand rebord en bambou tissé à la main.

Pantalon ample en chanvre, tissé à partir de la plante du même nom.

Visiteurs, prenez garde !

Des personnages peu recommandables, de misérables bougres et des pickpockets sournois rôdent à la lumière des traditionnelles lanternes rouges suspendues au-dessus des ponts biscornus du port.

Contre-espionnage

Dessinateurs de cartes marines, souffleurs de verre, vieux pêcheurs rabougris… un nombre incalculable de visages hantent les étroites allées du port. Ils semblent vaquer à leurs occupations, mais la plupart font partie du réseau d'espions de Sao Feng. Ils transmettent discrètement à leur maître tout événement survenu sur les quais. Aucune transaction douteuse ne leur échappe. Quant à ceux qui ne sont pas au service de Sao Feng, ils sont employés par… la Compagnie des Indes !

Place du marché

Le marché de Singapour interpelle tous les sens. Les étals croulent sous les herbes aromatiques, les épices, le riz, les pâtes, les fèves et autres denrées. L'air est rempli d'odeurs âcres de poissons, d'anguilles, de langues de porc, de grenouilles, de tortues, mêlées aux doux parfums des fruits et des légumes exotiques.

Les bains

Non loin des eaux sombres et stagnantes de ce port grouillant de vie se trouve un repaire sacré que seuls quelques personnages privilégiés ont le droit de fréquenter. Élisabeth et Barbossa partent donc à la recherche de Sao Feng dans son quartier général secret et refuge le plus cher – les bains.

Discrètes mais assassines
Sao Feng ne s'entoure pas uniquement de sublimes jeunes femmes parce qu'il a un faible pour les jolis minois. Armées de larges éventails aux côtes aiguisées, ces dames sont aussi de redoutables gardes du corps.

Apparences trompeuses
Ne vous fiez pas aux fleurs de jasmin et aux robes en soie des femmes de Singapour – elles cachent la beauté du diable.

Sao Feng

Seigneur de Singapour et fléau des mers de Chine, Sao Feng est redouté de la Malaisie à Macao. Sagace, subtil et malin, il ne fuit jamais devant le danger, comme le montrent les nombreuses cicatrices qui zèbrent son crâne rasé. Au fond du cœur de cet honorable pirate est enfoui un lourd secret. Après avoir obtenu de la Compagnie des Indes la promesse de le laisser tranquille, il enverra avec joie ses frères à la potence.

Vieilles cicatrices de duel.

Gorgerin orné d'amulettes en bronze.

Ceinturon cuirassé incrusté de jade.

Messieurs, la Cour !
Ce seigneur aime les manifestations de gloire et tient cour tel un empereur, entouré de bougies, d'encens et de concubines.

Le signe du dragon
En Orient, le dragon symbolise le pouvoir, la puissance impériale et la force guerrière. Comme ses fidèles sujets, Sao Feng arbore ce tatouage.

Fil rouge enroulé autour de sa bague pour porter bonheur.

Jade.

Bague porte-bonheur
Le jade est la pierre précieuse préférée de Sao Feng car elle lui confère protection, longévité et chance. Ainsi, son antique bague en or est sertie d'un jade de taille conséquente.

Épée martiale traditionnelle chinoise conçue pour être brandie à deux mains.

Lame longue et lourde qui peut fendre une armure en métal.

Fourreau en bois laqué noir.

Renfort en fer forgé.

Combattant de talent

Sao Feng est célèbre pour son âpreté au combat. Sa préférence va à l'épée traditionnelle chinoise, mais ce tireur d'élite porte aussi un pistolet. En homme novateur, Sao Feng transforme les outils de marins habituels – une clef de mât par exemple – en armes meurtrières.

Point faible

Impitoyable quand il traite avec les hommes, Sao Feng aime plus que tout triompher d'une femme aussi fière et belle qu'Élisabeth. Quand elle remet en question son courage et l'accuse de se réfugier dans ses bains pendant que ses navires pourrissent dans le port, le pirate n'est pas vexé par ses paroles. Au contraire, elles attisent son intérêt pour cette jeune femme spirituelle.

En danger de mort

Capturé alors qu'il tentait de voler les cartes maritimes dans le temple de l'oncle de Sao Feng, Will court un très grand danger.

Fidèle serviteur

Tai Huang est le capitaine des gardes de Sao Feng. Fier d'accomplir les basses besognes les plus improbables de son patron, il regrette le jour où il a eu l'idée d'utiliser les égouts comme passage secret souterrain.

Chapeau d'ouvrier en paille tressée.

Cape en cuir cloutée.

Pistolet français à coup unique.

La cabine du capitaine

Sao Feng accepte d'aider Barbossa et son équipage à se débarrasser de Beckett et à récupérer le *Black Pearl* à une condition : Élisabeth le rejoint à bord de sa luxueuse jonque, l'*Impératrice*. Alors que Will s'oppose à ce marché, la jeune femme accepte pour aider ses amis. Sao Feng trahit ainsi Beckett, sans aucun scrupule. Cet homme d'honneur ne voit aucune gloire à rester du côté des perdants.

UNE CABINE DOUILLETTE
Traditionnellement, les jonques disposent d'espaces confortables pour l'épouse et la famille du capitaine.

Du côté des vainqueurs

Illuminée par la douce chaleur des lanternes, l'*Impératrice* accueille son capitaine après le raid de ce dernier sur le *Black Pearl*. Sao Feng se félicite à cet instant d'avoir choisi le clan des vainqueurs. Quand Barbossa lui apprend que Calypso est du côté des pirates, le seigneur de Singapour est heureux de reprendre ses vieilles activités de flibustier.

À LA TABLE DU CAPITAINE
Ces objets exotiques – aiguilles d'acuponcture, brûle-parfums – font partie des biens les plus remarquables de Sao Feng. La plupart ont été volés au prix de nombreuses vies, mais jamais de la sienne. Un pirate trouvera là remèdes et élixirs permettant de soigner ses blessures du corps ou du cœur.

Sao Feng accomplit un ancien rituel destiné à leur porter bonheur lors du voyage.

Table drapée d'une étoffe de soie brodée de fleurs. Les pivoines symbolisent le printemps.

Impératrice de l'Impératrice

Sao Feng accorde toute son attention à sa superbe invitée et, sans perdre de temps, il lui choisit parmi ses richesses une somptueuse robe traditionnelle chinoise. Élisabeth porte le costume à merveille, même si elle sollicite l'aide de trois servantes pour le revêtir. Tentures en soie, coussins moelleux, bougies… créent une atmosphère tellement romantique que Sao Feng éprouve le désir de réciter des poèmes d'amour.

FAVEUR OU COURROUX

Du vin, des paroles mielleuses, une tenue offerte – bon début pour une femme qui a été capturée par des pirates, admet Élisabeth. Sournois, Sao Feng lui confesse ses projets : s'il n'obtient pas ses faveurs, il se contentera de sa colère.

UN MAUVAIS TOUR DU DESTIN

Malheureusement pour les passagers de l'*Impératrice*, le rituel porte-bonheur de Sao Feng n'a pas fonctionné et la jonque est attaquée par le *Hollandais Volant*. En une seconde à peine, tout bascule et, pour Élisabeth, les choses prennent un tour bien surprenant.

Les Seigneurs

Le monde tremble quand ces neuf écumeurs des mers se réunissent. Pirates oui, mais seigneurs avant tout ! Ces capitaines de légende commandent des bâtiments extraordinaires, des équipages notoires et des territoires consentants. Ensemble, les neuf seigneurs ont autrefois créé le Code des pirates. Lors de leur première rencontre, ils ont capturé Calypso, la déesse des Océans, l'ont emprisonnée sous sa forme humaine et ont apprivoisé les mers pour assouvir leur soif de conquête. Ce que réserve cette réunion-ci, nul ne le sait encore…

CAPITAINE JACK SPARROW
Aucun n'a parcouru autant de chemin que le seigneur des Caraïbes pour assister à cette réunion – en effet, Jack revient du Bas-Fond de Davy Jones.

CAPITAINE BARBOSSA
Seigneur de la mer Caspienne, ce charmant coupe-jarret a convoqué cette réunion parce que, après des années de massacres mutuels, les pirates sont à nouveau unis contre un même ennemi. Le message de Barbossa est clair : « Mort à la Compagnie des Indes ! » Il souhaite libérer Calypso dans l'espoir qu'elle détruise Beckett et sa flotte.

L'infâme pistolet de Barbossa.

CAPITAINE SAO FENG
Le seigneur des mers de Chine, Sao Feng, est un homme intelligent et puissant. Tandis que les pirates du monde entier lui témoignent du respect, il a à sa disposition des guerriers très entraînés et une flotte entière de navires.

Canne à pommeau en or utilisée par les dignitaires.

Dentelle ouvragée qui agrémente les poignets et l'ouverture de la chemise.

Haut-de-chausse.

Bas.

CAPITAINE CHEVALLE
Seigneur de la Méditerranée, cette fleur fanée de l'aristocratie française vit des heures difficiles. Il se plaint d'être sans le sou quand, au fond de ses poches, dorment quelques doublons en or.

Seigneurs du globe

Avant que le Tribunal de la Confrérie ne commence, la tradition veut que chacun des neuf seigneurs plante son épée dans une région du globe. Ce geste symbolise le droit qu'ont les pirates de piller le monde et marque leur désir de ranger leur épée pendant qu'ils sont réunis pour parlementer. Si leurs lames sont inactives, cela n'empêche pas les seigneurs de porter des pistolets et il est rare qu'une session se déroule sans le moindre incident.

Capitaine Villanueva

Cet Espagnol taciturne est le seigneur de l'Adriatique. En retraite officieuse, cet homme réaliste doute que Calypso leur pardonne un jour. Après des années de captivité, elle ne doit pas être dans de bonnes dispositions, observe-t-il.

Manteau en cuir repoussé avec motifs floraux.

Turban en soie.

Manteau en laine du Maroc.

Grandes moustaches à la mode.

Ammand le corsaire

Ce seigneur de la mer Noire, plus connu sous le nom de Fléau de la côte de Barbarie, est un expert dans l'art des batailles navales. Rapide comme l'éclair, ce maître de l'évasion porte sa moustache avec fierté.

Des dragons ornent sa robe en soie.

Maîtresse Ching

Seigneur de l'océan Pacifique, cette Chinoise impitoyable commande une immense flotte de jonques pirates. Maîtresse Ching sait mieux que quiconque ce que valent les paroles d'un homme et méprise les discours fantaisistes de Barbossa.

Jocard le Gentleman

Terreur de l'Atlantique, Jocard est un ancien esclave qui s'en est sorti à force de roueries, de démonstrations de charme et de meurtres occasionnels. Parvenu au sommet, il ne fait pas confiance à Calypso et suggère de couper la langue de Barbossa.

Costume tribal traditionnel.

Un fermoir en opale et or retient le turban.

Chaussons à pointe recourbée.

Sri Sumbhajee

Cet Hindou serein aux allures de prêtre est le seigneur de l'océan Indien. Hostile à la Compagnie des Indes et à Calypso, il s'oppose également aux lois désuètes du Code des pirates. Les ennemis de ce flibustier intransigeant finissent souvent au fond de l'océan.

La colère de Calypso

Le temps des pourparlers est terminé ; les pirates et la Compagnie des Indes se mènent à présent une guerre sans merci. Loin, en mer, les bâtiments des neuf seigneurs affrontent la flotte de Lord Beckett – pas moins de trois cents vaisseaux. Certains diraient que le combat n'est pas loyal, mais ils oublient Calypso. La déesse de la Mer n'a pas encore dit son dernier mot dans ce drame en trois actes. Le ciel s'obscurcit, les nuages s'amoncellent à une vitesse surnaturelle, la mer bouillonne, se creuse en un cercle toujours plus large qui se transforme en un gigantesque tourbillon. Le maelström final peut commencer…

Le Hollandais Volant *conduit la Compagnie des Indes à l'assaut.*

Le Hollandais Volant *est happé par les cercles déchaînés du tourbillon.*

Galions, ketchs, sloops, goélettes, galères, jonques – la bataille a réuni les plus grands navires de la piraterie.

Le Black Pearl *conduit les pirates, car c'est le seul vaisseau capable de rivaliser avec le* Hollandais Volant.

Quand les pirates ont libéré Calypso de son enveloppe humaine, un éclair a frappé la mer et un tourbillon géant est apparu.

En plein maelström

Tandis que Calypso décharge sa colère, le *Black Pearl* et le *Hollandais Volant* sont entraînés dans le vortex. Au milieu des coups de tonnerre et des rugissements de la mer, le son des canons retentit alors que les deux infâmes navires continuent de combattre de part et d'autre de l'abysse.

Index

A Dorling Kindersley Book
www.dk.com
Original title: *Pirates of the Caribbean, the complete visual guide*

Pirates des Caraïbes, La Malédiction du Black Pearl
Histoire de Ted Elliott &Terry Rossio, et Stuart Beattie, et Jay Wolpert
Scénario de Ted Elliot & Terry Rossio
Pirates des Caraïbes, Le secret du coffre maudit
Pirates des Caraïbes, Jusqu'au bout du monde
Écrit par Ted Elliot & Terry Rossio
D'après les personnages créés par Ted Elliott & Terry Rossio et Stuart Beattie et Jay Wolpert

D'après « Pirates des Caraïbes » de Walt Disney
Produit par Jerry Bruckheimer – Réalisé par Gore Verbinski

Imprimé en France par Qualibris (JL)
Dépôt légal novembre 2007 - édition 01- ISBN 978-2-01-463003-9
Loi n°49-956 du 16 juillet 1949 sur les publications
destinées à la jeunesse